ANDAR
POR
ANDAR

Adriana Herreros (Logroño) es periodista y licenciada en Ciencias Políticas y Sociología. Desde hace más de una década trabaja como experta en comunicación estratégica y corporativa, al tiempo que reflexiona y profundiza sobre sociología urbana, feminismo, arte y tecnología en algunos medios de comunicación y en su boletín, *Campo Visual*. En esta *newsletter* escribe sobre el disfrute y la relevancia de desplazarse a pie. Vive en Madrid.

ADRIANA HERREROS

ANDAR POR ANDAR

EN DEBATE

Papel certificado por el Forest Stewardship Council®

Primera edición: septiembre de 2025
Primera reimpresión: octubre de 2025

© 2025, Adriana Herreros Soto
© 2025, Penguin Random House Grupo Editorial, S. A. U.
Travessera de Gràcia, 47-49. 08021 Barcelona

Diseño de la colección: PRHGE/Nora Grosse

Printed in Spain – Impreso en España

ISBN: 978-84-10433-93-9
Depósito legal: B-11.964-2025

Compuesto en La Nueva Edimac, S. L.
Impreso en Huertas Industrias Gráficas, S.A.
Fuenlabrada (Madrid)

C 4 3 3 9 3 9

A la memoria de Mónica Calle Wilson,
mi amiga querida. En mi corazón siempre

Para mí vivir es no tener prisa, contemplar las cosas, prestar oído a las cuitas ajenas, sentir curiosidad y compasión, no decir mentiras, compartir con los vivos un vaso de vino o un trozo de pan, acordarse con orgullo de la lección de los muertos […].

CARMEN MARTÍN GAITE,
Caperucita en Manhattan

Índice

1. El gusto por caminar. Una introducción

Richard Long camina solo por las montañas. Le gusta elegir lugares solitarios y remotos. La práctica artística de este escultor británico se basa en la acción física de caminar. Solo eso. Hace arte al andar. Arte a escala humana. En sus largas marchas, mide el paisaje con sus pisadas, toma conciencia de lo que le rodea y se reconoce a sí mismo. Los suyos son unos paseos sensoriales y contemplativos. El artista, que merodea, se detiene en un punto determinado y deja una señal hecha de barro, agua, piedra o madera. La elección de la forma concreta que adquiere esa marca –círculo, línea, espiral…– es su respuesta intuitiva a la configuración de un espacio sentido. Así celebra el lugar. Una traza, una huella, una señal que contribuyen a evidenciar el orden del mundo. Son inscripciones en la piel de la tierra.

A Line Made by Walking es la pieza artística con la que se dio a conocer: el inicio de toda una saga de obras enmarcadas en el *land art* –donde el soporte y el material es el propio paisaje– y en el *arte povera* –o «arte pobre», que emplea en el proceso creativo materiales muy básicos, incluso efímeros–. Un día soleado de 1967 encuentra un campo de jugosa hierba salpicado de margaritas. Se dice: «Ahí». Y camina sobre él durante horas, de un lado a otro, de forma lineal, hasta que el retazo de hierba aplanada, el sendero trazado con sus propias pisadas, devuelve la luz de tal manera que es visible como una línea. Una línea hecha de sus pasos. Luego, fotografía en blanco y negro esa intervención sobre el terreno y se va a casa.

«Andar es un arte que contiene en su seno el menhir, la escultura, la arquitectura y el paisaje. A partir de este simple acto se han desarrollado las más importantes relaciones que el hombre ha establecido con el territorio», afirma el arquitecto Francesco Careri en *Walkscapes. El andar como práctica estética.* Caminar como práctica artística, sí, pero, sobre todo, al modo de Richard Long, como una manera de relacionarse con el entorno, reconociéndolo, y como una forma de estar muy presente en el mundo. Cada caminante invoca al menos una razón determinante que le impulsa a lanzarse al camino. Este libro trata sobre todas esas diferentes motivaciones y sobre el mero gusto por vagabundear sin rumbo.

Durante milenios, los hombres y las mujeres se han desplazado a pie para ir de un lugar a otro. Todavía sigue siendo así en la mayor parte del planeta. Caminar es algo tan habitual y sencillo que no reparamos casi nunca en ello. Pero esa consabida frecuencia no le resta su carácter excepcional. Esta es la historia más ordinaria y, al mismo tiempo, la más insólita del mundo. Andar. Tan solo esa capacidad de usar los dos pies, las dos piernas, para recorrer una distancia. Un acto voluntario, sí, pero muy semejante a los ritmos involuntarios del cuerpo: a la respiración, al parpadeo, al latido del corazón. Comienzas con un paso, luego otro, después llega el siguiente de forma automática e instintiva; continúas con cierta inercia. Entonces, la caminata sucede y cobras total conciencia de tu cuerpo en una suerte de celebración de los sentidos: tus piernas, tus rodillas, tus brazos y tu corazón. Y percibes de forma lúcida lo que te rodea. Al andar, el cuerpo se calibra con la tierra, y el paso se convierte en la unidad de medida del desplazamiento y de la forma en la que se aprecia el mundo. A dimensión humana. Ralentizada, entrañable y detallada. En planos cortos y de forma lenta. Con cierta ligereza, como la de los sueños buenos. Deambulas con deleite y degustas bellas imágenes de la existencia a la vez que sientes, a cada paso, el desequilibrio y la aspereza del universo.

«El hombre comienza a ser hombre con los pies», escribe el arqueólogo e historiador André Leroi-Gourhan en *El gesto y la palabra*. Esa facultad inherente a nuestra especie, la de tratar siempre de dar sentido al mundo, la de moverse en él comprendiéndolo y compartiéndolo con los demás, nació cuando el animal humano, hace millones de años, se puso en pie. Nos erguimos y miles de nuevos movimientos ampliaron nuestra capacidad de comunicación, el modo en que nos relacionábamos con el entorno y con nuestros congéneres, lo que contribuyó al desarrollo de nuestro cerebro. Nos levantamos sobre los dos pies, al inicio de forma algo torpe, y nos pusimos a andar.

Un calurosísimo día de julio de 1978 en el yacimiento de Laetoli, en el norte de Tanzania, la prestigiosa arqueóloga y paleontóloga británica Mary Leakey, irremediablemente enamorada de África, seguía empecinada en dar con los secretos del origen de la humanidad. Sin mucha esperanza, Leakey y su equipo de trabajadores locales excavaban entre cenizas volcánicas cuando, de repente, sucedió la magia. Ahí estaba. Frente a ella apareció un reguero de huellas fósiles de homínidos, un caminito de pisadas humanas de entre 3,4 y 3,8 millones de años que revelaba que aquellos lejanos antepasados del hombre y de la mujer ya paseaban erguidos sobre sus dos pies. El asunto no dejaba lugar a dudas: se trataba de dos claros rastros paralelos de zancadas de homínidos a lo largo de unos veintisiete metros. Algunos expertos consideran que esas huellas grabadas

sobre las cenizas del volcán Sadiman correspon-
den a dos individuos adultos y uno más joven
que daban un paseo, en calma. Otros conjeturan,
además, que iban de la mano y que podría tratar-
se de un pequeño grupo familiar. Tres individuos
–en principio, miembros de la especie *Australo-
pithecus afarensis*– caminaron en paralelo sobre
cenizas volcánicas mojadas por la lluvia, bastante
juntos. Aún se sigue investigando este descubrimiento que desde entonces fascina a la comunidad científica. ¿Estamos ante el registro de la caminata más antigua de la historia? ¿Ante un
tranquilo garbeo primigenio? ¿Hacia dónde se
dirigían estos primeros transeúntes? Seguramente
caminaban, expulsados del reino animal, rumbo
a la sabana, como plan de contingencia; para poder sobrevivir.

El enderezamiento dotó a nuestros lejanísimos
ancestros de una visión más amplia de todo lo
que los rodeaba, abriéndoles la posibilidad de es-
crutar los alrededores a pie, de cazar nuevas pre-
sas, de avistar depredadores; les facilitó la búsqueda de alimentos, de armas, de útiles. Así fue
como nuestros antepasados se abrieron, paso a
paso, al mundo. A las contingencias y a la singu-
laridad. Nuestra historia como individuos es la
historia de innumerables caminatas bípedas guia-
das por la curiosidad perpetua, con el legítimo e
irremediable objetivo de subsistir.

El hombre comienza a ser hombre por los pies, sí, es indudable ese gran hito evolutivo, pero, además, ¿por qué es relevante o de máximo interés este asunto de recorrer a pie los senderos, este gusto por caminar? Para Henry David Thoreau, padre fundador de esta fraternidad libre de los enamorados del paseo, poeta de la naturaleza y crítico de la sociedad, caminar es en sí mismo la empresa y la aventura del día. La más importante. Y la del paseante, la categoría social más antigua y honorable. Él habla del «Caminante Andante» para definir a las personas que ven cada caminata (la actividad esencial que aporta solaz, regocijo y consuelo) como una suerte de cruzada: «En el paseo de la tarde me gustaría olvidar todas mis tareas matutinas y mis obligaciones con la sociedad».

Caminar es, sin duda, un desempeño tan sobresaliente que el simple gesto de utilizar las extremidades inferiores para nuestro traslado ha inspirado obras de arte y grandes ensayos literarios, ha permitido el alumbramiento de elevadas ideas, ha creado senderos, ha trazado rutas comerciales, ha ordenado lindes y ha gestado fuertes sentimientos religiosos y de pertenencia a una región. El paseo ha configurado ciudades, comunicado regiones, delimitado parques, generado mapas, guías y una vasta, bella e increíble biblioteca sobre su propia idiosincrasia.

Asimismo, desplazarnos a pie está en el origen de nuestra naturaleza. No podemos obviar el hecho de que nuestro cuerpo está diseñado para la locomoción, dispuesto para caminar. Bruce Chatwin, viajero audaz, novelista y caminante obsesionado con la vida nómada, defendía en su obra *En la Patagonia* que estamos proyectados para recorrer a pie cierta distancia cada día y que los grandes males de nuestra pobre civilización son consecuencia del sedentarismo: «El cambio es la única cosa por la que merece la pena vivir. Nunca aparques tu vida en un escritorio. Lo que sigue son las úlceras y los problemas cardíacos». La necesidad de estar en perpetuo movimiento, sin asentarse, de ver, de conocer por sí mismo y de experimentar asombro a diario era su forma de entender el mundo. El escritor creía, además, en los poderes elevados y sanadores del paseo: «Si caminas mucho es probable que no necesites ningún otro dios». Andar como una actividad diaria destacada, curativa y poética que puede resarcir al mundo de sus excesos y desmanes.

Echarse al mundo a caminar es una práctica destacada que incita a mantener el ánimo, la ilusión y la capacidad de sorpresa. Y a ordenar las ideas y alumbrar nuevos pensamientos. Sí, al andar establecemos algo así como una relación solemne entre cuerpo, mundo e imaginación. Las caminatas agudizan la inclinación del ser humano por comprender, nos alientan a profundizar. Nos aligeran de carga mental superflua y nos incitan a la reflexión. «El monótono avance de los pies, ese orden muscular, es, al mismo tiempo, un disciplinado esfuerzo muscular y la actividad cerebral más exigente», explica el alpinista y filósofo inglés Leslie Stephen en *Los Alpes en invierno. Ensayos sobre el arte de caminar.*

Y ahora, en este contexto tardocapitalista tecnológico y acelerado, ¿por qué es importante mantener esta conversación? ¿Por qué escribir sobre esta manera lenta y humilde de desplazarse? ¿Por qué esta defensa emocionada (la mía) de un asunto tan anodino como el andar por andar? Intentaré, a lo largo de estos capítulos, dar con alguna respuesta a estas preguntas. Las páginas que tienes ante ti son una apreciación pausada de las diferentes facetas e implicaciones –individuales y colectivas– del paseo: históricas, feministas, artísticas, comunitarias, urbanas, rurales, políticas. Un acercamiento a la multiplicidad de hábitos, costumbres y circunstancias que rodean a esta apacible actividad. Una aproximación a algunas de las posibilidades que abarca una caminata. También un intento de teorizar acerca de los dos tipos ideales, prototípicos, de vagabundeo: una descripción de un caminar muy conectado, vinculado con el presente, y de un caminar, por el contrario, ensimismado, abstraído, que lo rehúye. Estas apreciaciones, todas ellas, son fruto de muchos paseos pensados. Unas reflexiones en marcha, en construcción –voy poco a poco–, en defensa absoluta del caminar y sobre el placer de andar, alentadas por un interés claro por lo elemental, lo sencillo y lo asequible. No estoy sola en esta afición. De hecho, me debo a una extensa y magna genealogía de pensadores; estas páginas son también un tributo a los centenares de personas que han reflexionado sobre el acto de ir a pie y sus circunstancias a lo largo de los siglos: filósofas, artistas, expertos en movilidad, urbanistas, antropólogos… El tema del caminar se asemeja al caminar mismo en su ausencia de límites temáticos: las aproximaciones son infinitas y muchos los senderos desdibujados por descubrir.

Pienso y escribo estas líneas sobre paseos indolentes y en defensa del caminar radical desde la luminosa sala de una biblioteca pública emplazada en mi parque público favorito. El frescor de los magnolios y los castaños de Indias que abrazan y ciñen el recinto se cuela suntuoso aquí. El verde fulgor alumbra todas estas reflexiones. Llego a este parque, lo recorro y regreso a casa caminando por la ciudad. Camino por gusto. Me desplazo a pie siempre que tengo oportunidad; elijo lo abarcable, lo simple y un ritmo propio. Escojo ir más despacio y que la escala de lo que percibo sea pequeña, a la medida de mis actos y mis decisiones: pequeños. Un paso y después otro. Un pie primero, el siguiente después. «Para ir más despacio no se ha encontrado nada mejor que andar. Para andar hacen falta ante todo dos piernas. Todo lo demás es superfluo. ¿Quieren ir más rápido? Entonces no caminen, hagan otra cosa: rueden, deslícense, vuelen. Andar no es un deporte», escribe en *Andar. Una filosofía* el filósofo Frédéric Gros, adalid de la corriente lenta y entusiasta del vivir despacio y bien.

Siempre que cuente con la prerrogativa del tiempo, escojo un paseo mío, un paseo propio. Una caminata para hacer maravillosas las horas. «Se parte cuando se quiere, se detiene uno a voluntad, se hace tanto ejercicio y tan poco como se desea. Se observa todo el país, se desvía uno a la derecha, a la izquierda, se examina todo lo que agrada, se detiene uno en todos los paisajes», señala Jean-Jacques Rousseau en *Emilio, o De la educación*. Y me aventuro corporalmente por calles y sendas para desentumecerme, tranquilizarme y deshacerme de pesares. Para pensar: me centra y me concentra. Para desintoxicarme un poco de los estímulos obligados y de los malos asuntos. Para llegar a algunos sitios. Y por placer.

Tienes entre tus manos una oda al goce tranquilo de caminar y pensar. O de pensar y caminar. Con entusiasmo. La sensorialidad y el disfrute están en el corazón de todos estos paseos. Una apología del andar como forma habitual de traslado, de su uso cotidiano en ciudades pacificadas, sostenibles y seguras. Vagar como una actividad rebelde, extemporánea. Transitar a pie para comprobar que pocas cosas nos atraviesan más que la salud de nuestras calles, nuestras ciudades y nuestros entornos. Ir a la deriva como una práctica estética. Deambular solo para tomarle la medida a lo que acontece e intentar desentrañarlo. Vagabundear sin apremio, de forma abstraída, con recogimiento, al margen de las exigencias de la contemporaneidad. Pasear por los senderos y las calles porque sí, sin que medie nada productivo ni eficiente. Vagabundear por gusto.

Este libro es una llamada a renovar la curiosidad de forma serena, humana. A pie.

2. Un caminar conectado

Cada paseante sostiene, como mínimo, un motivo fundacional que lo lleva a desplazarse a pie por sendas y veredas. Y abraza su causa y la defiende con un fervor perenne, en soledad o en compañía de otros adoradores del camino. El gusto por andar es para siempre, como el sendero mismo: imperecedero, imprescriptible e inembargable. Un placer casi eterno. ¿Por qué caminamos? ¿Por qué camino yo? ¿Cuál puede ser ese motivo entusiasta y originario?

Déjame recrearme en la descripción de un tipo de paseo pleno, atento, con los cinco sentidos, que a mí me gusta llamar «caminar conectado». En ocasiones, deambular puede ser una forma de conectarnos con lo que nos rodea. Una apertura al mundo. Un descubrimiento. Una experiencia que no busca rehuir el presente ni esquivar el ahora, sino que, por el contrario, rastrea vorazmente el exterior, los barrios, los campos, las fuentes, los cielos; que nos sumerge de forma absoluta en la realidad para encontrar alguna certeza o algún tipo de explicación. Te hablo de un garbeo insaciable que se complace en tomarle el pulso a la naturaleza, a la civilización, a todo lo que nos espera ahí fuera. Un vagabundeo que agranda nuestra visión del planeta, aumenta nuestro conocimiento de las cosas y amplía nuestro campo de acción sobre lo real. Aquí, el paseante asume un estado de receptividad profunda, de honda sensibilidad, e invoca, como razón primigenia de sus andanzas, el gusto por explorar, conocer, saber. Para el antropólogo y sociólogo David Le Breton, este paseo de inmersión real, este caminar vinculado, demanda «levantarse, ponerse de pie, volver a mirar el mundo a los ojos y abrazarlo».

Exploradoras, etnógrafos, poetas, arqueólogas, expertos en movilidad, pedagogas, naturalistas…, todos ellos son observadores minuciosos del entorno que salen andando al encuentro de lo impredecible y lo incalculable, con una mirada ávida, nueva y conectada. Habitan el mundo y su parcela de conocimiento a pie. No hay obstáculo lo bastante temible o incómodo que les impida caminar. Deambulan y se relacionan con la materialidad a través de un andar presente. Como exhorta Thoreau a cada lector de *Caminar*: «Sobre todas las cosas no podemos permitirnos no vivir en el presente». Vivir en el presente y estar presente lo cambia todo. La soltura y la intención de la travesía de la jornada, también.

«Al pasear por entre los cultivos durante una residencia prolongada e ininterrumpida en el campo, uno va cosechando, como es natural, numerosas y nimias observaciones sobre los asuntos del campo que, a posteriori, se rememoran placenteramente junto al fuego y se comparten quizá, de buena gana, con amigos». La naturalista estadounidense Susan Fenimore Cooper –precursora del interés por la ecología– era una enamorada de la campiña y del goce de estar en la naturaleza. Deambulaba a pie todos los días, una o dos veces, cerca del río o alrededor del lago; a las afueras del pueblo o por los bosques. Mujer de amplia cultura, beneficiada por el acceso a la gran biblioteca familiar –su padre, James Fenimore Cooper, es autor de *El último mohicano*–, anotaba (y dibujaba) de forma obsesiva todo lo que oía y veía, con descripciones llenas de matices, ritmos, colores. De forma profunda y serena. La escritora caminaba por costumbre y por la necesidad de explorar y conocer. Sus paseos eran recorridos concienzudos, entregados y disfrutones. Relacionados. Atentos. Conectados. En estado de perfecta fusión con el medio natural que la abrazaba: «Hemos dado nuestro primer paseo (de la primavera) por el bosque. ¡Qué gusto da estar de nuevo entre los árboles! Los capullos tempranos están creciendo perceptiblemente: el arce rojo y el olmo florecen los montes, con los sauces y alisos brotando cerca de los arroyos. Nos han llamado la atención más de lo normal los musgos y líquenes, y la coloración de la corteza de los diferentes árboles». Fenimore detallaba de forma rigurosa en su *Diario rural. Apuntes de una naturalista* la vida salvaje del campo que observaba todos los días en sus paseos y las costumbres de las gentes que poblaban la Nueva Inglaterra del siglo xix: los cambios de estación, los deshielos, la migración de las aves, el renacer vegetal y el orden natural de las cosas. Cada breve alteración, cada nueva alegría que atisbaba en su entorno. Caminaba en plena conexión con lo que acontecía, pensaba acerca de ello y escribía. La calidez de su conciencia ambiental recorre cada capítulo y desborda cada reflexión: «Hemos disfrutado mucho el paseo; resulta especialmente agradable deambular a voluntad por un terreno tan extenso, sin tener que ceñirse a los caminos, y sin ningún obstáculo que frene el paso. Todo ello aporta libertad a estas caminatas sobre el lago, más allá de lo que estamos acostumbrados en tierra firme, donde hay que contar con caminos, vallas y puentes en cada esquina». Esta obra pionera del *nature writing* –la literatura que trata de contar la naturaleza– fue escrita en 1850, cuatro años antes de que *Walden*, de Thoreau, viera la luz. E inició la senda de los escritos y textos preocupados por la acción de la humanidad sobre los ecosistemas y su sostenibilidad. «¡Qué noble regalo es el bosque para el hombre! ¡Qué gratitud y admiración debemos por su utilidad y su belleza! ¡Qué agradables las sombras de los árboles cayendo sobre nosotros cuando nos apartamos de los brillos y tumultos del mundo del hombre!». Un paseo consciente y hermanado con el paisaje.

A menudo practico el andar por andar conectado y reparo, embobada, en todo lo que sale a mi encuentro: «Hay un pájaro carpintero anidando en aquella haya». El edificio brutalista y el monasterio en pleno centro. Una frase escrita en la pared. Aquellas fuentes. Los pinos silvestres y los robles rebollos. El nacimiento del río: el agua que se desborda, se despeña y se aleja. Cada retazo de cotidianidad. Todo me interesa. Disfruto de los juegos de sombras de los árboles en el camino, del viento que se agita y descubro, al menos, doce tonos de verde amargo. La senda verdea. Ultraperceptiva, recibo cualquier sonido a lo lejos e intento distinguirlo, descifrarlo. Me doy cuenta entonces de que no sé mucho sobre muchos sonidos. Y continúo vagando por senderos borrosos o por calles muy estrechas. A pie, de forma muy presente, redescubro la ciudad y con cierto arrobo admiro las hornacinas de algunas fachadas y las volutas de antiguas columnas. También escucho las conversaciones de las vecinas. Me muevo en el espacio y en el tiempo entregada, con todos mis sentidos, a todos mis caminos. Salir a los bosques a pie sin estar de forma completa, plena, en ellos, vagar por los senderos o transitar por las aceras sin estar vinculado a lo que acontece, es un garbeo desperdiciado, insuficiente, inane. Así lo ve quien pensó que *Todo lo bueno es libre y salvaje*.

Una caminata conectada nos ofrece siempre nuevas posibilidades y refresca nuestra curiosidad. La Institución Libre de Enseñanza –un laboratorio educativo que revolucionó la pedagogía en nuestro país entre finales del siglo XIX y principios del XX–, inspirada por Francisco Giner de los Ríos, tenía entre sus preocupaciones el aislamiento de la población, de cada individuo, en su reducido entorno. Como forma de dar solución a esta desconexión latente, los pedagogos idearon e implementaron una fórmula sorprendente para la época, las excursiones educativas, que pasaron a convertirse en un puntal de esta formación intuitiva y una de las más célebres innovaciones de la institución. Eran paseos a pie por los alrededores de Madrid, especialmente por la sierra de Guadarrama, en contacto físico de la naturaleza con la piel, los sentidos y la razón. Giner, con sus profesores y alumnos, empezó a recorrer el monte de arriba abajo. Existe abundante literatura y diversos diarios personales que detallan aquellas apasionadas travesías por veredas y montañas. El conocimiento directo de la realidad y el ejercicio al aire libre –que formaban parte de los presupuestos educativos del programa modernizador de la institución– se conjugaban a la perfección en todas esas salidas al exterior. No hablo de simples garbeos superficiales: «El viajero, el excursionista, deben percatarse de los ambientes en los que van penetrando. Y, si no lo consigue, será vano su esfuerzo», afirma el historiador Antonio Jiménez-Landi en *La Institución Libre de Enseñanza y su ambiente*. Eran recorridos a pie vinculados al entorno, sumergidos en el contexto. Se tomaba nota de todo. Eran caminatas muy presentes, destinadas a explorar el medio natural próximo, observarlo y tratar de aprehenderlo. Estas salidas a la sierra no eran una huida, una escapada, sino un viaje con retorno; y tal vez ese retorno fuera lo más importante para la formación ulterior. El objetivo último de estos escarceos a pie era el goce pleno de la naturaleza mediante enseñanzas prácticas, además de la ampliación del nivel de conocimientos y de cultura de la ciudadanía, de su idea del mundo. Salidas provechosas para enriquecer el acervo propio de los escolares. Excursiones que buscaban entender el mundo que nos rodea. Andando.

A pie todo está relacionado; todo tiene sentido. El poeta William Wordsworth salió a caminar casi todos los días de su larga vida. De todo ese caminar, de todos esos kilómetros, se nutrían su forma de ser y su poesía. Fue una suerte de dios de los senderos, las montañas y los lagos, y también uno de los fundadores del romanticismo inglés, una de sus figuras centrales. Sus travesías son casi épicas. Yo me quedo con una: en 1790, siendo todavía bastante joven y junto con su compañero de estudios Robert Jones, planeó cruzar a pie Francia con destino a los Alpes. Un viaje iniciático, muy de caballeros ingleses, pero andando unos cuarenta kilómetros al día. De valle en valle, de cerro en cerro. La empresa era, sin duda, ingente, y el destino elegido toda una declaración de intenciones: lejos de emprender la acostumbrada gira para el disfrute del arte clásico y la búsqueda de experiencias extravagantes, los amigos resolvieron recorrer caminos agitados y agrestes en busca de revolución y naturaleza. Eligieron estar y vivir en el convulso presente y unirse a la marea de entusiastas de la república que convergían esos días en la capital francesa. El poeta de los lagos y Jones llegaron andando a un trémulo París justo cuando se celebraba el primer aniversario de la toma de la Bastilla.

Wordsworth trató de comprender la Revolución francesa y la magnitud de las transformaciones sociopolíticas que estaban teniendo lugar paseando por las calles de la ciudad. A pie. Con un caminar lúcido y conectado con todo lo que acontecía, que le reveló, de forma directa, el proceso histórico que atravesaba el país y que pronto permearía a otras regiones de Europa y América. El suyo fue un pasear vinculado con la política y el paisaje. De Suiza, sin embargo, le atrajeron los grandiosos e imponentes parajes y los lazos del país con el autor de *El contrato social*. En el poeta caminante, William Wordsworth, convergen ideas revolucionarias, un amor incondicional por la naturaleza y las montañas más altas, y la necesidad de recorrer a pie senderos e hitos históricos. De vuelta en Francia, su postura política siguió desarrollándose, pero su fe en un caminar conectado se mantuvo intacta, plena, firme.

Todos los paseos atentos, los paseos conscientes, conectados, con los ojos dirigidos a la altura de las ramas o con la mirada a ras de taberna o acera, nos devuelven un retazo de la realidad que acontece. Una radiografía del momento social. En 1859, Charles Dickens recorrió las calles de Londres por las noches, a paso ligero, bajo la lluvia. El tenaz insomnio que lo asolaba –sumado a cierta angustia vital– lo tenía en vela, así que recurría a los paseos para aplacar ese insoportable desasosiego. Casi todas las noches, el escritor abandonaba su casa de Tavistock Square poco después de dar las doce y vagaba por la ciudad sin un rumbo prefijado. «Hace algunos años padecí de un insomnio pasajero, atribuible a una impresión dolorosa, y ese insomnio me obligó a salir a pasear por las calles durante toda la noche y por espacio de varias noches. Esa molestia habría tardado mucho tiempo en curarse si hubiese permanecido desmayadamente en cama; pero la dominé muy pronto, gracias al brioso tratamiento de volver a levantarme en cuanto me acostaba, saliendo a la calle para no regresar a casa hasta la salida del sol y completamente rendido de cansancio», escribió en su ensayo *Paseos nocturnos*. El novelista, con una mirada concienzuda, pendiente del entorno y también social, contemplaba «el desasosiego de la gran ciudad, y el modo en que se tambalea y se arrastra antes de dormir». Observador denodado, presenciaba muy de cerca la vida de los moradores de la oscuridad, y absorbió, como por ósmosis, la idiosincrasia de las calles. Tomó apuntes, construyó retratos de la fauna nocturna y los inmortalizó con su pluma para la posteridad. Aquellos paseos que miraban la realidad nos devuelven una gran obra literaria impregnada de crítica y denuncia social. Entre muchos otros, estos son el interés y el aporte de cualquier caminata presente, relacionada y minuciosa.

El paseo conectado nos fusiona con el mundo vivo y nos proporciona un conocimiento crítico y verdadero.

3. Un caminar ensimismado

Siento aprecio infinito por las veredas desordenadas, humildes, enmarañadas. Solitarias sendas de árboles añosos plagadas de texturas crujientes y atravesadas por un aroma dulzón. Con las que me tropiezo sin querer y camino sin apenas meditarlo, por instinto, y me dejo llevar por cierto compás del cuerpo al desplazarse y por la cadencia de la respiración. Libre para pensar sin perderme del todo. Este paseo rítmico, armonioso y regular ejerce sobre mí el efecto apaciguador de un mantra remoto, en desuso. Camino abstraída, con deleite, y cierro un poco los ojos. Me quedo unos segundos así, sumergida en pensamientos livianos: «¿Dónde terminará este sendero bastante misterioso?». La tranquilidad.

Mientras, continúo dándole vueltas a este sustancial asunto del noble caminar. ¿Cuál podría ser el paseo perfecto? ¿Existe acaso? La marcha canónica, ideal, prototípica. La excursión a pie inmejorable. Esa que alivia de todas las tristezas. La que favorece que los graves pensamientos se atenúen, la que te asiste en temporada de tormentas. ¿Qué forma adquiriría ese garbeo, el más reconfortante posible? El que te conduce, suavemente, a ideas nuevas. El que te provoca sosiego, mil ideas y alegría. ¿Quién lo defiende? «Aquel que verdaderamente pertenece a la hermandad caminante no pasea a la búsqueda de lo pintoresco, sino de ciertos agradables estados de ánimo: la esperanza y la energía con las que comienza la marcha en la mañana, así como la paz y la saciedad espiritual del descanso de la noche», escribía el novelista y ensayista escocés Robert Louis Stevenson en «Caminatas», su breve alabanza al dulce haraganear. El autor de *La isla del tesoro* era también un apasionado andarín.

El paseo culminante podría ser, sí, esa marcha-refugio absorta, sencilla, sin un propósito último claro. Una caminata que no busca mucho más que algunas reflexiones, cierta calma interior y algo de embeleso. Los mejores estados de ánimo.

El paseante devoto lo reconocerá. Existe, sin duda, un vagar dado a la introspección. Recogido, replegado. Un andar por andar que es esquivo con el presente, escapista, que busca la evasión repentina y huye mentalmente de la realidad más inmediata, de las exigencias del ahora mismo. En contraposición a ese otro caminar conectado, presente, muy vinculado con todo lo que sucede a su alrededor –que desenmarañaba en páginas anteriores–, este es un caminar desentendido y algo ajeno del mundo exterior. Un paseo reconcentrado, meditabundo, que suele disfrutarse en soledad. Que busca la soledad. El favorito de muchos escritores y poetas, posiblemente el garbeo más literario. Como decía Lope de Vega en su poema «A mis soledades voy»,

> *A mis soledades voy,*
> *de mis soledades vengo,*
> *porque para andar conmigo*
> *me bastan mis pensamientos.*

Acostumbro a referirme a esta manera de vagabundear, un pie tras otro, como el «caminar ensimismado». Pensativo, algo retraído, que esquiva el ruido social y se aleja de los estímulos obligados. Una caminata extemporal. Que sortea las obligaciones diarias y evita obsesionarse con las exigencias modernas. Un tipo de merodeo que elige rutas serenas, calles secundarias y el recogimiento en la intimidad; el repliegue en lugar de la expansión. Este es también un paseo arrobado, hechizado, extasiado, que proporciona grandes dosis de dicha y alivio. Suele suceder así: cuando nos invade la necesidad o la congoja paseamos por los bosques porque queremos vivir, nos abandonamos abstraídos y caminamos por los barrios porque necesitamos aire nuevo para respirar mejor y espacio inédito para poner en orden sentimientos e ideas. Inmersos y ensimismados en el paisaje natural, elegimos continuar el sendero, alcanzar aquella colina y permanecer en su cima a resguardo. Distraídos y asombrados con la ciudad, escogemos un paseo largo, una marcha que sosiega, reconforta y procura abrigo.

Ir de viaje es el título del primer ensayo canónico que trata de forma concreta y específica, en toda su extensión, el viaje a pie como modo elegido de desplazamiento. Lo escribió el inglés William Hazlitt, para disfrute de sus contemporáneos, en 1822, y concretó entre sus páginas algunas características que, desde su punto de vista, debían formar parte del paseo adecuado a través de sendas agrestes y bellos parajes. Defensor radical de trasladarse andando y abanderado del vagabundeo solitario, el ensayista teorizó acerca del caminar pensativo y sin compañía: «Una de las experiencias más placenteras de la vida es una excursión a pie. Eso sí, yo prefiero hacerlas a solas». Y proseguía: «Denme el limpio cielo azul sobre la cabeza, el verde pasto bajo los pies, un camino sinuoso ante mí y tres horas de marcha hasta la cena... y entonces: ¡a pensar!». El paseo inmejorable, excelso, en su opinión, requería de la tarde en soledad por delante y de la naturaleza como escenario absoluto: tiempo, espacio y pura inmersión en cavilaciones personales. Una cita con sus pensamientos. El crítico abordaba de este modo el caminar absorto, ensimismado: «Cuando estoy en el campo, deseo vegetar como las plantas. […]. Salgo de la ciudad con el objetivo de olvidarla, así como todo cuanto esta contiene». Vegetar como las plantas, haraganear distraído rehuyendo el ahora, a refugio en el camino. Mecido por el viento y por un torrente de ideas propias.

Caminar puede ser tan solo –como reafirmará también David Le Breton unas décadas más tarde– un delicioso rodeo abstraído, distanciado, para reencontrarse con uno mismo. Con una misma. Cogiendo fuerza del silencio y de algunos atardeceres.

Si tiramos de este hilo literario en defensa del paseo retraído, es fácil rastrear no solo en el pensamiento sino también en la ficción –como en las numerosas novelas escritas en el siglo XIX, reflejo claro de los usos y las costumbres del momento– el gusto de la clase privilegiada por el deambular absorto y replegado entre los viejos caminos y los dulces senderos. Se atisba en todas esas páginas el deleite de los hombres, pero también de algunas mujeres, por dedicar sus horas de asueto a placenteras, liberadoras y ensimismadas caminatas. Por salir al aire libre a pasear con abstracción y embeleso.

Limitada por profusas restricciones sociales y morales, para la población femenina transitar a pie suponía, sin duda, cierta libertad de movimientos. Un quehacer con el que ejercitaba el cuerpo, pero sobre todo la imaginación, la mente, vagando más allá de su conocimiento hacia nuevas posibilidades. Si te asomas a *Orgullo y prejuicio*, obra magna que Jane Austen publicaba en 1813, puedes comprobar cómo la protagonista, la segunda hija de los señores Bennet, Elizabeth, paseaba a diario con profusión. Y se refugiaba en bellos parajes silvestres para pensar y estar muy sola, ensimismada: «Las reflexiones, que le prodigaban siempre el mayor de los consuelos, debían reservarse para las horas de soledad; y no transcurrió un solo día sin un paseo solitario que le permitiera entregarse al placer de unos recuerdos ingratos». Lograba escabullirse de las miradas y de las opiniones ajenas y entregarse a los pensamientos propios mientras practicaba el garbeo con recogimiento.

Middlemarch es la fascinante novela que Mary Anne Evans escribió entre 1871 y 1872 bajo el seudónimo de George Eliot. Recomiendo mucho su lectura. Ambientada en una población ficticia de las Midlands inglesas, se trata de una obra coral con historias entrelazadas que describe de forma detallada la vida en provincias en una época de grandes cambios. De entre su ramillete de magníficos personajes destaca Dorothea

Brooke, una mujer joven, inteligente y ávida de conocimientos. Idealista e independiente, y, claro, muy dada a vagar por los caminos rurales y por los de su imaginación. Es una entusiasta de los paseos replegados, inmersivos, en soledad:

> Dorothea, que llevaba puestos el sombrero y el chal, cruzó apresuradamente los arbustos y el parque a fin de poder deambular por el bosque cercano sin otra compañía visible que la de Monk, el enorme perro San Bernardo que siempre cuidaba de las jóvenes en sus paseos. Había surgido ante ella la visión juvenil de un posible futuro que ansiaba con trémula esperanza, y quería vagar por ese futuro imaginario sin que la interrumpieran. Caminó con paso ligero en el fresco aire; el color fue sonrosándole las mejillas y el sombrero de paja (que nuestros contemporáneos podrían observar con curiosidad como una obsoleta forma de cesto) un poco caído hacia atrás. [...] Los grandes ojos brillantes que miraban hacia adelante, y sin ver conscientemente, absorbían dentro de la intensidad de su ánimo la gloria solemne de la tarde, con sus largas bandas de luz entre las lejanas hileras de tilos, cuyas sombras se tocaban.

Dorothea Brooke caminaba hacia delante sin ver, instalada en cierto limbo propio para quedarse un ratito justo ahí. Pensativa y sola. Vagando por las sendas al amparo de todas las ideas nuevas.

Así es para numerosos escritores y escritoras, y así lo reflejan en sus obras: el caminar ensimismado es la forma de desplazamiento excelsa, la más pura o la más placentera. Alimento para el alma. Robert Walser, uno de los más relevantes e idolatrados autores en lengua alemana del siglo XX –adorado por Kafka y Hermann Hesse– y también uno de los más misteriosos, era otro ferviente defensor de desplazarse a pie, amigo declarado de vagabundear y de recorrer kilómetros y kilómetros durante días enteros. «El más solitario de los escritores solitarios», como lo describía W. G. Sebald, publicó en 1917 un delicioso texto breve, *El paseo*, quizá su obra más conocida. El poeta y escritor errante que paseaba y paseaba –«sin pasear estaría muerto»– aseveraba en sus páginas que «toda la tristeza, todo el dolor y todos los graves pensamientos se habían esfumado» mientras se arrojaba a la práctica curativa del garbeo diario. En esas expediciones, a veces de más de diez y doce kilómetros, no se deleitaba tan solo con apabullantes parajes o conectaba con la realidad del momento y se impregnaba de ella, sino que se sumergía y horadaba en sus propios pensamientos. Buscaba aparcar su tarea, su trabajo inmediato, y salir al afuera, a pie, para respirar el aire más fresco y discurrir: «Mientras seguía así mi camino como un buen haragán, fino vagabundo y holgazán o derrochador de tiempo y trotamundos, […] me ocupaban toda clase de pensamientos más o menos bellos y agradables, porque, al pasear, muchas ocurrencias, relámpagos y luces de magnesio se mezclan y se encuentran con naturalidad para ser cuidadosamente elaboradas». Vagar era el verdadero alimento para las cavilaciones más sorprendentes: «Mi paseo estaba ahíto de pensamientos». Robert Walser falleció en 1956. Sucedió tras el almuerzo, mientras daba una de sus incontables caminatas diarias. Rodeado de abetos verdes, sobre un paisaje cuajado de nieve recién caída, en las proximidades del sanatorio de Herisau, en el este de Suiza, donde había pasado los últimos veinte años de su vida. Pasear de manera abstraída, absorta, fue su modo de vivir, su recurso necesario ante el estupor de la existencia: «Había caído la tarde, y llegué, por un bello y tranquilo camino o senda lateral que discurría entre árboles, al lago, y aquí terminó el paseo».

En ocasiones, yo también me entrego con regocijo al andar por andar ensimismado: vivo entonces en mi propio vaivén. Camino replegada por placer, para tranquilizarme, desquitarme de angustias y poder profundizar. Me concedo esa suerte. Me abstraigo del momento presente, de las demandas inminentes. Inmersa en mis propias reflexiones, me desahogo así, un pie y después otro. Nada urge. Contando con el privilegio del tiempo, vagabundeo por mi sendero favorito –casi oculto, casi sin luz del sol– y tropiezo con el tronco viejo, hendido por el rayo, de un venerable olmo. Detengo la marcha. Respiro profundamente. Me sobrecojo. La belleza desbordada del afuera me devuelve feliz hacia dentro. Me reconcentra. Tocada por cierto estado de gracia, me recreo absorta en ese paseo total que me alivia y me protege. Y pienso los mejores pensamientos. Aunque, en ocasiones, por fortuna, también consigo no pensar en nada.

El garbeo ensimismado otorga, ante todo, la dicha de la serenidad.

4. Caminar para rebelarse

El vagabundeo puede albergar, sin duda, intenciones bastante rebeldes. Me explico. Un simple paseo puede estar en el origen de ideas nuevas, fascinantes y renovadoras. Además, una caminata sosegada puede ser en sí misma un acto de resistencia, una actividad incendiaria. Poner un pie tras otro, en soledad o en compañía, puede también marcar la senda y el devenir de grandes transformaciones sociales. «Caminar es un desvío subversivo», anota Rebecca Solnit en *Wanderlust*. Sin duda. Una forma de darle esquinazo a la contemporaneidad. Un ejercicio de obstinación en el seno de una sociedad –la de consumo– en la que se premian la eficiencia, la productividad y la velocidad. Y un mecanismo, una estrategia, una herramienta para demandar y lograr cambios fundamentales. Me gustaría dedicarle un momento a esta otra sugestiva faceta del transitar a pie, de cariz más social y político: al paseo de intenciones rebeldes. A las caminatas revolucionarias acometidas en soledad o de forma colectiva.

Verano de 1749; un verano extremadamente caluroso. Aún quedan unos años para la Revolución francesa. El escritor Denis Diderot (junto con muchos ilustres pensadores contemporáneos como Rousseau, Turgot o Voltaire) estaba sumido en la edición de la obra magna del conocimiento humano: la *Enciclopedia* (*Encyclopédie, ou Dictionnaire raisonné des sciences, des arts et des métiers*), la hazaña editorial más representativa y arriesgada de la Ilustración. Llevaba años coordinando tan encomiable empresa de pensamiento total con el matemático y filósofo Jean le Rond d'Alembert cuando recibió en su casa la visita de unos oficiales de policía. Llamaron a su puerta y rebuscaron en todas las estancias algún tipo de panfleto subversivo. Finalmente, lo detuvieron y lo trasladaron al temido castillo de Vincennes. La raíz de este arresto podía estar en la necesidad del régimen de interrumpir la edición –muy avanzada ya– de la *Enciclopedia* o en la urgencia por poner límites a otras actividades de Diderot como autor de libelos filosóficos, en los que cuestionaba, por ejemplo, la bondad de Dios. Jean-Jacques Rousseau, por entonces amigo íntimo del ilustrado, decidió visitarlo en su celda. Y optó por hacerlo siguiendo su modo habitual de desplazamiento, simple y austero: a pie, caminando los ocho kilómetros que separaban su casa en París del *château*-prisión. Esta fue una caminata solitaria relevante, reveladora y rebelde. Un eureka en la historia del pensamiento político.

Mientras paseaba-pensaba camino de la penitenciaría, Rousseau iba revisando algunos documentos y echando un vistazo a la revista literaria *Mercure* (sí, leía andando). Fue justo ahí donde descubrió un insólito anuncio de un premio de ensayo con el tema «¿El progreso de las ciencias y las artes ha contribuido a corromper o bien a depurar las costumbres?». «En ese mismo instante vi otro universo y me convertí en otro hombre», escribió tiempo después en su libro autobiográfico *Las confesiones*. El filósofo aceptó el desafío y presentó a la institución convocante, la Académie des Sciences, Arts et Belles-Lettres de Dijon, su famoso *Discurso sobre las ciencias y las artes*, que lo convirtió en toda una celebridad. En ese texto arremetía contra algunas ideas ilustradas de progreso. Manifestaba que el hombre y la naturaleza son mejores en su condición original (aunque omitía especificar cuál es ese estado, esa condición primitiva) y ponía de manifiesto cómo la bondad primigenia del hombre había sido corrompida por los avances de la sociedad. Una teoría audaz, acusada de inconsistente –no reconocía, por ejemplo, la dureza del trabajo rural en la naturaleza–, pero sí la expresión de nuevas sensibilidades.

El pensador fue profundizando en tales formulaciones a lo largo de sus diferentes trabajos, asentando las bases de su pensamiento filosófico y social. También las puso en práctica apostando él mismo por una vida campestre más sencilla, más apartada y contemplativa. Y siguió paseando mucho: «Hay algo en el caminar que estimula y anima mis pensamientos», relataba. Caminar se convirtió en su modo de ser. Rebelde, aislado de la civilización y en contacto con la naturaleza, escribía sobre música, religión o amor, y alumbraba el texto fundamental y radical definitivo, *El contrato social*, obra fundadora del derecho político, una enmienda a la totalidad del Antiguo Régimen y un libro impulsor de revoluciones. Caminar, la soledad, la naturaleza, rebelarse: todo muy rousseauniano.

Tras el paseo solitario de tintes rebeldes prosigo con las caminatas colectivas revolucionarias. Caminar hombro con hombro para ejercer derechos fundamentales –como rito catártico y como «una herramienta y un reforzamiento de la sociedad civil, capaz de resistir ante la violencia, el miedo y la represión», precisa Solnit– ha supuesto una demostración de fuerza social a lo largo de la historia. Y una vindicación de los espacios públicos, de las calles. «Una población secuestrada o pasiva no es en realidad ciudadana», continúa la pensadora. Una sociedad movilizada, sí.

Esta es la fortaleza de las personas desarmadas caminando conectadas por senderos y calles.

La Procesión del Sufragio Femenino fue un hito relevante en la historia del movimiento de las mujeres y el primer desfile sufragista que se celebró en Washington D. C. En una convocatoria encabezada por la abogada laboralista Inez Milholland, el lunes 3 de marzo de 1913, ocho mil mujeres tomaron la ciudad y transitaron a pie, unidas, por Pennsylvania Avenue con el objetivo de «marchar en un espíritu de protesta contra la organización política actual de la sociedad, de la cual las mujeres están excluidas», según el programa oficial. Activistas estadounidenses, pero también de diferentes países europeos, caminaron juntas mostrando la robustez y la capacidad de resistencia del movimiento internacional. Fueron la líder sufragista Alice Paul y su colega Lucy Burns las que decidieron que la multitudinaria marcha tuviera lugar justo el día anterior a la investidura presidencial de Woodrow Wilson, de forma calculada y con una estrategia clara: la capital estaba llena a rebosar de políticos, poderosos hombres de negocios y diferentes agentes sociales. Era preciso hacer ruido y ocupar la calle principal de Estados Unidos; que las voces de las mujeres llegaran a oídos de todos esos prohombres y a los del próximo presidente.

Licenciada por la Universidad de Swarthmore y doctorada en la Universidad de Pennsylvania, Alice Paul acababa de regresar de una fructífera estancia en Londres, donde había estado en contacto directo con el activismo sufragista británico, mucho más activo y radical, defensor de la acción directa y con una agenda y unos objetivos bien marcados. La Procesión del Sufragio Femenino no era más que su intento de importar algunas de esas prácticas para reanimar un movimiento veterano, el de Estados Unidos, que suspiraba por nuevos impulsos y logros. Más de medio millón de personas asistieron en directo a ese gran desfile, una demostración de fuerza para lograr la ansiada aprobación de la enmienda constitucional que debía otorgar a las mujeres, por fin, el derecho al voto, convirtiéndolas en ciudadanas de pleno derecho. Durante la marcha, hubo momentos de cierto pánico: algunos espectadores agredían, escupían y se burlaban de las manifestantes, mientras la policía no hacía demasiado por controlar el orden. A pesar de todo, la procesión por la ciudad continuó y lanzó a las primeras páginas de los periódicos el movimiento de las mujeres. Los siguientes años fueron de gran actividad: las sufragistas se dedicaron, de forma incansable, a ejercer presión en cada escenario donde se dirimía la batalla política. Alice Paul y sus seguidoras (las Centinelas Silenciosas o *Silent Sentinels*) fueron las primeras activistas en protestar frente a la Casa Blanca. También fueron arrestadas y encarceladas y recibieron un trato humillante en múltiples ocasiones. Todos esos desplantes acabaron por despertar la conciencia de la opinión pública: siete años después, el 18 de agosto de 1920, se ratificó la aprobación de la Enmienda XIX a la Constitución, que garantizaba a todas las estadounidenses mayores de edad el derecho al voto. El que dieron por Washington D. C. fue uno de los paseos colectivos más gratificantes, contumaces y revolucionarios de la historia de la humanidad, sin duda.

De la lucha de las mujeres caminando juntas, infatigables, al unísono, reclamando derechos, paso al pueblo oprimido marchando a pie contra la potencia colonial y pidiendo transformaciones. El 12 de marzo de 1930, Mohandas Karamchand Gandhi abandonó su retiro religioso cerca de Ahmedabad y, junto con un puñado de fieles seguidores, se echó a andar por los caminos. En silencio, el grupo inició una marcha histórica a través de senderos polvorientos: 385 kilómetros por un puñado de sal. La Marcha de la Sal, la Marcha de Dandi o la *Satyagraha* fue un gran acto de desobediencia civil contra el control que los británicos ejercían sobre una de las materias primas de la colonia, la sal, que afectaba a los estratos sociales más desfavorecidos de India. Este monopolio obligaba a todo consumidor a pagar un impuesto elevado sobre un producto de primera necesidad, al mismo tiempo que prohibía recolectarla y venderla. Gandhi decidió marchar a pie para poner en evidencia la opresión extranjera basada en el expolio de los recursos naturales locales.

La comitiva se movió muy despacio durante casi un mes. En cada aldea y en cada poblado los gobernadores locales y la población civil se sumaban a la protesta pacífica. El objetivo de la caminata era llegar hasta los depósitos salinos de Dandi Gujarat, en la costa del golfo de Khambhat, fuertemente custodiados por el ejército británico, para evidenciar las injusticias de la ocupación. Cuando el líder de la desobediencia civil no violenta alcanzó las orillas del Índico, se agachó y tomó un puñado de esa sal prohibida para «sacudir los cimientos del *Raj* británico». Y fue arrestado. Medio millón de personas compartieron camino (y algunos también la misma suerte) junto al *Mahatma* en algún momento de esta expedición, la primera manifestación anticolonialista y el germen de otros movimientos de masas del siglo xx. Luego, un poco más tarde, India se independizó. Esta travesía-protesta pacífica a pie, en defensa de las libertades y por la conquista de derechos, será emulada muchas veces a lo largo de la historia.

Pero no hay que remontarse tan atrás en la historia para encontrar grandes marchas a pie como acto de rebeldía, espectaculares manifestaciones públicas que reclamaban cambios totales y denunciaban políticas injustas. El 15 de febrero de 2003, treinta millones de personas de casi ochocientas ciudades del mundo salieron también a andar juntas en contra de la guerra en Irak. Una caminata coordinada en la que la ciudadanía asumió el protagonismo de forma global y desbordó a las élites. En Barcelona marcharon un millón trescientas mil personas. En Londres, cerca de dos millones de ciudadanos desfilaron muy pegaditos desde diferentes barrios de la gran urbe para converger en Hyde Park. Tres millones de personas transitaron codo con codo por las calles en Roma, otros dos en Madrid, cien mil más en París... También en Montevideo, Mostar, Sfax y Túnez. No hubo cómo obviarlo: la resistencia civil y la paz salieron caminando a la calle. El objetivo de estas manifestaciones era tratar de influir en las instituciones –también las internacionales– y desarrollar una conciencia antibelicista. Pues bien, aquel día, esa gran oposición mundial rebelándose, protestando y andando junta, todos aquellos multitudinarios paseos, no detuvieron la guerra contra Irak, aunque sí modificaron algunos parámetros que cambiarían un poco el mundo o, en todo caso, a sus habitantes.

Yo vagabundeo sola por sendas angostas y por calles secundarias siempre que tengo ocasión. Pero también marcho a pie junto a mis amigas y vecinas en defensa de nuestros derechos y por los mejores futuros posibles. Caminamos unidas hacia la igualdad total, en multitud de ciudades, cada 8 de marzo. Andamos las unas al lado de las otras para hacernos ver y oír. Para rebelarnos y exigir cambios profundos. Desde el Women's Sunday –querida Emmeline Pankhurst– hasta la plaza de España. Un paseo largo, de más de un siglo, necesariamente incómodo y rebelde para transformarlo todo.

5. Caminar como práctica artística

Pasear por senderos rocosos, entre bosques secundarios y a través de plazas asfaltadas puede suponer también una acción creativa e ingeniosa, capaz de transformar el espacio de manera simbólica, y también física. Y a las personas. Me gustaría detenerme ahora en las ideas de errar, vagar, transitar como práctica estética. Y de un tipo de arte que se encuentra con el territorio, que sucede en él o que se nutre de sus materiales o de su lenguaje. Los pintores, los escultores, los poetas…, los artistas siempre han caminado: no solo por una necesidad física de estímulos o para desahogarse, sino también como parte o resultado de su propio proceso creativo. Los artífices del arte moderno han incorporado, con frecuencia, el acto de deambular como una herramienta de configuración del paisaje, pero también como una forma de arte autónoma. «El recorrido se convirtió en la primera acción estética que penetró en los territorios del caos», explica el arquitecto Francesco Careri en *Walkscapes*.

Porque, en el fondo, caminar no deja de ser trazar, delinear, dibujar a gran escala el mundo.

Los primeros amagos de servirse del acto de andar como expresión estética surgieron en el ámbito literario –materializados por poetas, teóricos, pensadores y activistas– y se expandieron después hacia las artes visuales. Ahondando en la historia podemos reparar en algunos protopaseos trascendentes, con mucha simbología y literatura. Nos tenemos que remontar a ese convulso inicio del siglo xx que desembocó en la Primera Guerra Mundial, pero que también supuso el despertar de unos movimientos rupturistas en el seno de las artes plásticas que trataban de expresar el cambio de siglo a través de la renovación del lenguaje pictórico y escultórico. «Asqueados por la carnicería de la Gran Guerra de 1914, nos dedicamos en Zúrich a las Bellas Artes. Mientras a lo lejos tronaba el cañón, nos afanábamos por cantar, pintar, encolar y hacer versos. Buscábamos un arte elemental que curara a los hombres de la locura de la época, un orden nuevo que restableciera el equilibrio entre el cielo y el infierno», escribió el francoalemán Jean Arp, escultor, pintor, poeta y uno de los fundadores del movimiento dadá.

Expresionismo, futurismo, dadaísmo, surrealismo… Las vanguardias artísticas convulsionaron el mundo del arte confrontando sus postulados con los de los movimientos anteriores en la búsqueda de un nuevo orden que modificase, de una manera contundente, tanto la forma como el contenido de las obras. Además, el comienzo del pasado siglo es una época de gran fascinación por los avances científicos y tecnológicos, y temas como el movimiento y la velocidad eran objeto de estudio habitual en sus investigaciones. Los verás reflejados tanto en algunos cuadros como en los versos de algunos poetas. Fue en este preciso momento cuando el movimiento del cuerpo al andar, el garbeo, el paseo, adquirió el estatuto de puro acto estético. Fueron los dadaístas –encabezados por el poeta rumano Tristan Tzara desde 1916, autoexiliados en Suiza y hastiados de los horrores de la guerra– quienes decidieron llevarlo más allá de la representación pictórica. El acto de andar se experimentó en la realidad, en la vida ordinaria, como una forma de intervención y de superación del arte convencional.

Y los artistas quedaron para pasear. Eran las tres de la tarde del 14 de abril de 1921, una jornada especialmente lluviosa en la ciudad de París. Los representantes del movimiento dadá en pleno habían convocado a fieles y curiosos frente a la iglesia de Saint-Julien-le-Pauvre –uno de los edificios religiosos más antiguos de la ciudad, en ese momento abandonado, decrépito– para realizar una incursión urbana a pie por los lugares más insulsos y banales de la capital: «Los dadaístas, de paso por París, queriendo subsanar la incompetencia de las guías y de los presuntos *ciceroni*, han decidido emprender una serie de visitas a ciertos lugares elegidos, en especial a aquellos que realmente no poseen ninguna razón de existir», indicaba una de las octavillas que los integrantes del colectivo repartían con profusión. Los creadores-agitadores planeaban transitar a pie la ciudad en una inusitada operación estética recorriendo lo no pintoresco, lo que no poseía valor sentimental, lo que había sido descuidado por la historia. Era una exploración de lo trivial. Estos garbeos nacieron con toda la intención de causar desasosiego entre la clase burguesa espectadora y expectante y de provocar a la cultura institucional, y con el revolucionario objetivo de desacralizar el arte y vincularlo con la vida cotidiana. Esta fue la acción más importante de este movimiento en la metrópoli y el primer paso de una larga serie de incursiones, deambulaciones y derivas que tendrían lugar a lo largo de todo el siglo.

Justo tres años después, en 1924, los pensadores, teóricos y artistas Max Morise, Louis Aragon, André Breton y Roger Vitrac organizarían otra travesía andando, esta vez a campo abierto, por el centro de Francia. Un deambular errático de ocho pies a la aventura, recorriendo un extenso territorio natural durante varios días. Sí, bastante tiempo caminando, errando y departiendo con intenciones estéticas: «Convinimos en que iríamos al azar, a pie, y que seguiríamos conversando, sin permitirnos desviaciones deliberadas a excepción de las necesarias para comer y dormir», contaría André Breton en *Entretiens*. Con esta azarosa singladura surrealista, que tuvo lugar entre bosques, campos y senderos rurales, se buscaba alterar el estado de ánimo de los paseantes, impregnar sus subconscientes y explorar así los límites entre la vida consciente y la vida soñada. Esta «deambulación consiste en alcanzar, mediante el andar, un estado de hipnosis, una desorientada pérdida de control», añade Francesco Careri. Perderse como una rendición placentera. A la vuelta de esta larga y enajenada empresa, Breton escribió la introducción de su libro *Poisson soluble*, que más tarde se convertiría en el Primer Manifiesto del Surrealismo. Este fue un paseo bastante célebre en la historia de las artes y de la literatura, ya que marcó el paso definitivo del dadaísmo al surrealismo. De una vanguardia trasgresora a otra.

Tras la excursión dadá y la deambulación surrealista, los artistas de las vanguardias continuaron experimentando, promulgando manifiestos y caminando. A principios de la década de 1950, la Internacional Letrista –que en 1957 se convirtió en la Internacional Situacionista– reconoció en la acción de perderse paseando por la ciudad un medio estético-político a través del cual subvertir el sistema capitalista de posguerra. «Con las armas milagrosas del deseo, la poesía y la revuelta», añade el poeta y ensayista Julio Montero en *Psicogeografía*. Nada menos. Sus acólitos aclararon pronto, en diferentes comunicados, que las aspiraciones del colectivo no pasaban por «crear una escuela literaria, ni una nueva forma de expresión o un modernismo. Se trata de una manera de vivir». Y teorizaron acerca de la deriva, una nueva tipología de paseo artístico que era a la vez herramienta de estudio del entorno y una manera de trasgredir la monotonía sirviéndose del vagar libre del individuo, que habitaba el espacio público sin ataduras ni obligaciones. La deriva era una práctica exigente, un instrumento político de reapropiación urbana, una voluntad de crear situaciones, experimentando en colectivo la ciudad de una manera diferente, huyendo de la lógica utilitarista de la sociedad de consumo. A esta deriva situacionista volverán años más tarde bastantes artistas, algunos expertos en movilidad y activistas de las ciudades saludables y pacificadas.

Los artistas, entonces, caminan concienzudos con intenciones estéticas y críticas, también vagan a pie por parajes vacíos, extasiados, en busca de experiencias cuasi oníricas; incluso recurren a la acción de andar y andar como medio de recuperar la ciudad para el individuo. El arte ya no es solo una disciplina basada en la mera creación de objetos físicos, de concreciones palpables, sino algo mucho más allá de ese lienzo al que el pintor se enfrenta en solitario. También es una proclama, un manifiesto o una investigación: una propuesta en marcha sobre la relación entre ideas, actos y realidad material. Una obra puede ser tan solo la documentación, la constatación de esa investigación. Incluso el mismo cuerpo de ese artista proponiendo. También el cuerpo de ese artista en movimiento, paseando. El arte demanda ahora que el espectador trabaje, que interprete lo ambiguo, que imagine lo que no se ve, que divague.

A partir de la década de 1960 fueron los artistas interesados en el ámbito escénico (y político) de las *performances* y los *happenings*, pero también muchos escultores con denodado interés por el espacio y las arquitecturas, quienes se mostraron proclives a experimentar con la acción de caminar. Y, por fin, la práctica del transitar a pie comienza a convertirse en una auténtica forma de arte autónoma.

Siempre me ha deslumbrado esta imbricación natural, este solapamiento orgánico entre dos de mis intereses: el arte y la práctica activa del paseo. De ahí que me muestre alerta y receptiva a cada propuesta nueva, con cada aportación singular en este sentido. He seleccionado cuatro intervenciones estéticas en el territorio –físico y simbólico– que reflejan muy bien, desde mi punto de vista, esta evolución desde aquellas fulguraciones estéticas de las vanguardias hasta la explosión creativa de mediados del siglo xx, y que ilustran y ejemplifican esta otra faceta singular del garbeo: ese deslumbrante uso del andar también como práctica artística. Ahora, como arte pleno.

1. Yo soy la medida de todas las cosas

Stanley Brouwn, uno de los artistas holandeses más relevantes del arte conceptual (el de la primacía de los conceptos y las ideas), inició su viaje creativo en la década de 1960, al emprender una serie de vagabundeos a pie y documentar de manera extremadamente meticulosa todos los detalles de estos: el número de pasos, las distancias recorridas, el tiempo transcurrido en cada caminata y, a veces, incluso el tipo de calzado utilizado. Estos paseos desglosados, al principio limitados a su entorno local, se fueron ampliando poco a poco hasta convertirse en viajes a través de continentes. Que no te suene raro: la documentación de todos sus tránsitos (la obra en sí misma) adopta en ocasiones la forma de simples notas mecanografiadas en las que detalla todo el proceso, sirviéndose para ello de sus propias unidades de medida subjetivas –con sus iniciales, construye: el pie-sb, el codo-sb y el paso-sb–. Registros simples, sin adornos, desprovistos de cualquier aderezo. Con enorme determinación, el holandés llevó a cabo esta laboriosa y obsesiva medición a pie del mundo como una forma de estar presente en él y de aprehenderlo: de asir la medida de lo que nos interpela para intentar comprenderlo. Todo su trabajo es una bella invitación a prestar atención a los detalles sutiles de nuestros movimientos, al paso del tiempo y a la experiencia única y personal de atravesar el espacio caminado de forma muy presente, conectada.

2. Un mapa para perderme y encontrarme

Dibuja un mapa imaginario.
Marca en el mapa el lugar al que quieres ir.
Camina por una calle real según el mapa.

Yoko Ono escribe en 1962 *Map Piece*, una de sus piezas conceptuales icónicas en la que, a partir de un texto, solicita al espectador que dibuje un mapa imaginario y una ruta a pie. En 1964, completa la pieza con una segunda parte: un texto que invita a dibujar un mapa imaginario para perderse. Ambas obras forman parte de su serie *Instruction*

Paintings, un conjunto de simples directrices escritas que incitan al observador a realizar una acción. El objetivo de la japonesa era estimular la introspección y la imaginación. Animar al visitante a pensar en sus aspiraciones y en los senderos (vitales y físicos) que recorre. Y alentarlo a caminar para extraviarse un poco y después encontrar el camino de vuelta. La artista aborda aquí metafóricamente el viaje de la vida, las metas o los puntos de llegada que nos fijamos y las direcciones o caminos que elegimos tomar. Para llegar o para perdernos.

3. Las murallas nos dividen y los caminos nos conectan

La *Caminata por la Gran Muralla* es una gran intervención planeada en su origen por los artistas performáticos Marina Abramović y Ulay (Frank Uwe Laysiepen) en el punto álgido de su colaboración y de su vida en pareja, a inicios de los años ochenta. Los creadores, entregados a lo largo de su carrera a explorar los límites del dolor y de la resistencia física y mental, se propusieron caminar desde extremos opuestos de la ancestral muralla de cuatro mil kilómetros de largo para encontrarse y casarse.

Unos cuantos años más tarde, tras esquivar multitud de problemas burocráticos impuestos por el Gobierno chino y conseguir los fondos necesarios para un proyecto de tal envergadura, su relación estaba en otro punto. La paradigmática caminata supuso, *de facto*, su última colaboración artística y sentimental. Aun así, la llevaron a cabo. El 30 de marzo de 1988 comenzó la gran gesta: los dos artistas pasaron tres meses recorriendo los serpenteantes y complicados senderos de la muralla –en medio de un silencio apabullante, de un vacío sideral–, esos cuatro mil kilómetros, el uno hacia el otro. Vestida con voluminosas prendas rojas, Marina partía desde el extremo oriental, desde el mar de Bohai, una prolongación del mar Amarillo, entre China y la península de Corea. Ulay, ataviado con ropa de color azul brillante, lo hacía desde el extremo occidental, en el desierto de Gobi.

Esta pieza escenificaba la simplicidad básica, esencial y primigenia del acto de andar amplificada por la soledad en la que transcurre la excesiva demostración. Tras caminar dos mil quinientos kilómetros durante noventa días cada uno, la pareja se topó en mitad del recorrido, entre templos budistas, confucianos y taoístas; se abrazaron, se dieron la vuelta, alejándose, y siguieron sus caminos por separado. No hablaron ni se vieron durante los siguientes veintidós años. De todas las *performances* relacionadas con el caminar esta ha sido, sin duda, la más ambiciosa, bella y extrema.

4. Juntos movemos montañas

El artista belga-mexicano Francis Alÿs lleva años caminando por las ciudades. El paseo es su arma de intervención socioestética. No camina por placer ni para ensimismarse. Sus garbeos a pie están siempre contactados con la realidad y cargados de reflexión y de cuestionamiento crítico. Arquitecto de profesión, Alÿs llegó a Ciudad de México a finales de la década de 1980 para ayudar en la reconstrucción de la urbe tras el terremoto de 1985. En un giro inesperado de los hechos, decidió quedarse a vivir y dedicarse de pleno al arte. Sus obras –por lo general efímeras– exploran la realidad política de la megalópolis. Las caminatas urbanas, las conversaciones que oye y las historias que relatan sus recorridos constituyen el material del que se nutre su actividad. Con ellos produce pinturas, vídeos, fotografías y acciones; diferentes técnicas y soportes que utiliza de forma simultánea y sin complejos.

El 11 de abril de 2002 llevó a cabo uno de sus proyectos más ambiciosos: mover una montaña en las afueras de la capital peruana, Lima. Créeme. Una acción heroica (y poética) que intentaba poner de manifiesto el enorme coste que comportan los avances colectivos y la necesidad de acciones comunitarias y de cambio. Esta intervención se presentó con un eslogan crítico y contrario a los dogmas de la racionalidad económica: «Máximo esfuerzo, mínimo resultado». La idea era realizar una acción poco productiva en términos de eficiencia (como el propio caminar) pero altamente revolucionaria (como el propio caminar). Aquella mañana, quinientos estudiantes equipados con palas formaron una sola hilera en torno a una duna bellísima de fina arena y de unos cien metros de altura. Los voluntarios avanzaban a pie, juntos, cavando a cada paso, de forma sincronizada. El movimiento provocado por ese peine humano desplazó el montículo unos diez centímetros más allá de su emplazamiento natural. Movieron, literalmente, una montaña. Lo justo. La perturbación física fue pequeña, pero sus resonancias metafóricas nos alcanzan hasta hoy mismo. Esta gesta improbable, esta obra ilusionante, *Cuando la fe mueve montañas*, con cientos de personas unidas en un esfuerzo común, marchando juntas, era un acto de esperanza y de resistencia en medio de un panorama político y social complejo. El arte de caminar hombro con hombro (a veces con una pala en la mano) como un hecho de reafirmación social que puede producir transformaciones.

Como añadía al inicio del capítulo: andar, sin duda, nos cambia. De manera simbólica y física nos hace ver el mundo de otra manera. Esta actividad modesta, sencilla, ha modificado e intervenido también en ciertos momentos –como hemos visto antes– en el devenir de las artes plásticas, ha cautivado a muchos artistas y a unos cuantos apasionados del arte. Hace algunos años, en 2016, en un viaje pausado, tranquilo, con bastantes excursiones a pie –siguiendo los pasos de la fotógrafa Inge Morath a lo largo del Danubio–, me topé con el Museum für Konkrete Kunst, en Ingolstadt, Alemania. En su interior se exhibía la exposición *Piedra, tierra, madera*, del artista holandés Herman de Vries. Este lleva décadas trabajando exclusivamente con objetos encontrados en la naturaleza. Maderas, hojas, piedras, tesoritos que recoge en todos sus paseos; fragmentos del suelo recabados en senderos a lo largo del mundo. Esos elementos singulares y únicos hallados en diferentes hábitats –que luego serán bellos montajes, mosaicos orgánicos en salas de museos– lo alivian, lo aligeran de tristezas, le ordenan el mundo y le indican su posición en él. Cada una de esas piedras, ramas, frutos del camino, le aporta la belleza suficiente como para querer continuarlo. Su proceso de creación se pliega así con el territorio. El encuentro con esta muestra fue para mí un curioso momento vital, muy lúcido y clarividente: desde entonces el arte y el camino, humildes, convergen como un todo en mi idea de la belleza y de la vida.

6. Caminar y allanar el camino

Al parecer, se necesitan tan solo quince pasos humanos sobre un mullido campo de hierba para abrir un rastro distintivo que otros quieran seguir. Tan solo quince huellas para crear un probable paso, una posible ruta, un eventual sendero. Esa erosión diaria provocada por quince pisadas ávidas de sucesos resultará en camino. Serán quince surcos para cambiarlo casi todo. Pero, y después, ¿quién se preocupa de todos esos caminos y veredas? ¿Quién preserva las antiguas calzadas y despeja los senderos históricos? ¿Quién posibilita los traslados a pie y procura el paso seguro y accesible al paseante? Quién los guarda. Quién los cuida.

Tras su retiro, Claude-François Denecourt, curtido veterano del ejército napoleónico, decidió destinar el resto de su tiempo –y muchos de sus ingresos– a cuidar los senderos que más amaba: los de esa bella masa forestal que es el bosque de Fontainebleau, el paisaje de los impresionistas y de algunos célebres almuerzos sobre la hierba.

Denecourt se adentraba en la espesura en busca de maravillas ocultas y se ocupaba, concienzudo, de desmalezar, limpiar, despejar y marcar veredas a lo largo y ancho de su paraje predilecto. El resultado: ciento cincuenta kilómetros de sendas señalizadas mediante flechas azules para disfrute de futuros paseantes, por toda la salvaje foresta. También hizo construir fuentes, cuevas artificiales, pasajes subterráneos y una torre de observación (hoy la torre Denecourt). Catalogó los vetustos árboles, las formaciones rocosas, las mejores vistas, las más pintorescas. Él fue quien trazó en 1842 los primeros senderos señalizados del mundo, que ahora se denominan «senderos azules». Además, compartió todo el encanto que tanto lo había transformado y que había descubierto entre aquellos caminos cercanos a París, entre esas frondosas arboledas que le brindaban infinidad de consuelo, escribiendo una pequeña guía de paseo acompañada de un mapa. Con once ediciones, podríamos decir que tuvo una gran acogida entre sus coetáneos. El bosque, considerado hasta ese momento un entorno inhóspito, oscuro, se abrió progresivamente a los caminantes, al uso común. Al disfrute público. Los expertos en la materia suelen considerar que el turismo de naturaleza nació y se desarrolló gracias al titánico esfuerzo de Claude-François Denecourt y a la vehemencia por transmitir su amor por Fontainebleau.

En 1855, algunos de los escritores franceses más famosos (desde Victor Hugo hasta Fernand Desnoyers, pasando por Charles Baudelaire, Alphonse de Lamartine o George Sand) rindieron, entusiasmados, un verde homenaje al demiurgo de los bosques. Se trataba de un volumen coral de textos, en verso y en prosa, inspirados en la naturaleza –sobre los bosques, las cordilleras, el verdor, el sol–. En este *Hommage à C. F. Denecourt*, el poeta y dramaturgo Théophile Gautier se refirió a él con el apelativo con el que pasó a la historia: el *Sylvain* del bosque de Fontainebleau. Silvano –«boscoso, perteneciente al bosque»– es el espíritu protector de campos y montes según la mitología romana. Ahora, también, el valedor de los caminos y de los caminantes. En la actualidad, es la Oficina Nacional Forestal la gestora de este bello entorno natural, reconocido por la Unesco como reserva de la biosfera. Su misión es la de preservar este asombroso patrimonio cultural. Para tan noble empresa cuenta con el apoyo de la asociación Amigos del Bosque de Fontainebleau, que garantiza la custodia y el mantenimiento regular de todas estas anheladas rutas, así como de las que se han añadido posteriormente. Con independencia del momento en que se visiten, estos parajes se hallan allanados y a resguardo.

El paisaje, irremediablemente, forma parte de nuestra herencia y tenemos el derecho a sentirlo nuestro y a quererlo accesible para poder disfrutar de él. Para pasearlo. Además, como señala Rebecca Solnit, «el caminar no atiende a las lindes que despiezan la tierra, sino a los senderos que funcionan como una especie de sistema circulatorio que abastece a todo el organismo. En este sentido, caminar es la antítesis de poseer». Al menos, en un régimen de propiedad individual. Recorrer los caminos tiene mucho más que ver con percibir lo común, cuidarlo y atesorarlo. Con atender cierto legado ancestral y toda la memoria. Con custodiar y proteger lo público. Y con hacerse cargo.

El monte Ulía es una de las tres grandes elevaciones que enmarcan la ciudad de Donostia. Se trata de una zona histórica de esparcimiento y ocio muy querida por las vecinas y un relevante escenario natural –de 235 metros de altura sobre el nivel del mar– que se extiende desde la punta de Monpas, donde rompen todas las olas, en la capital, hasta la punta del Faro de La Plata, en la entrada del puerto de Pasaia. Se cuenta que, antiguamente, los oteadores de ballenas miraban al horizonte desde una atalaya en la cumbre y anunciaban la presencia de cetáceos en la costa a los pescadores que aguardaban, inquietos, en el puerto. Esas gestas y aquellos héroes, el pasado ballenero de la ciudad, se recuerdan todavía en algunas inscripciones desde la frondosidad del monte. El rico subsuelo de Ulía está constituido por rocas areniscas de unos cincuenta millones de años de antigüedad, replegadas y emergidas desde el fondo marino durante la formación de los Pirineos. El gran poeta y novelista del romanticismo Victor Hugo –que transitó estos caminos a pie en 1843– dio cuenta de la insólita orografía de los parajes que recorrió en *Viaje a los Pirineos y los Alpes*:

> En la montaña el alma se eleva, el corazón se sanea; el pensamiento participa de esta paz profunda. Las montañas de Pasaia tienen para mí dos atractivos particulares. El primero es que dan al mar […] el segundo es que son de arenisca. La arenisca es la piedra más divertida y la más extrañamente modelada que existe […]. No hay aspecto que no adopte, no hay capricho que no tenga, no hay sueño que no realice; tiene todas las caras, hace todas las muecas. Parece estar animada por un alma múltiple.

Sí. La cara norte de Ulía, donde se preservan celosamente –menos mal– hábitats singulares que ya existían hace ocho mil años, está modelada por la bravura del mar: un paisaje de acantilados verticales, de valles colgados, con cavidades, oquedades y geoformas de gran belleza, que se encuentra protegido dentro de la Red Natura 2000 europea como Zona Especial de Conservación. Su vertiente sur es más accesible y alberga una densa vegetación y un gran circuito de senderos perfectos para pasear por un paisaje colmado de brezos, helechos y argomas. El monte Ulía es un entorno muy, muy especial. Sin embargo, la mayor parte de los caminos que hoy podemos recorrer a pie por esta loma han sido acondicionados y habilitados por un particular, un verdadero enamorado del lugar, Josetxo Mayor.

Cuenta el escritor y periodista Ander Izagirre en su libro *Cuidadores de mundos* que, desde 1991 hasta su fallecimiento en 2017, Mayor caminó en solitario todos los días a Ulía para desbrozar y abrir la senda que discurre paralela al litoral: «Yo he conocido a Josetxo, que lleva veinte años subiendo al monte Ulía para mantener los senderos abiertos y bien limpios, a disposición de los caminantes. Allí está todos los días del año, de siete a diez de la mañana, llueva, nieve o truene». Las veredas de su infancia estaban desapareciendo escondidas bajo la maleza, por la erosión, el descuido y la desidia. En un gran arranque de nostalgia y un voluntarioso derroche de energía, el protector de estos senderos cantábricos decidió, como labor de vida, recuperarlos de forma desinteresada, escardar en solitario y limpiar el terreno de zarzas y vegetación espontánea. También, allanar algunas hondonadas peligrosas para suavizar así las pendientes y hacerlas accesibles. Hasta el año de su muerte, custodió todos sus secretos, sus vericuetos y sus sendas: «Camina por sus dominios explicando la minúscula historia de cada arbusto, cada piedra, cada rincón. Nombra los árboles como si los saludara: álamos temblones, abedules, fresnos, robles, repollos, pinos», anota Izagirre. Siempre atendiendo a la protección y al disfrute de cada paseante. Josetxo Mayor, como Claude-François Denecourt unos siglos antes, albergaba una querencia por proteger las cosas para que los demás las podamos disfrutar. Lo animaba un impulso humilde por atender y preservar. Estos modestos guardianes «son personas que han escogido un pedazo del mundo y dedican sus esfuerzos, su tiempo y su dinero a cuidarlo. Trabajan en silencio, reparan los destrozos que hieren sus pequeños territorios, se afanan en mimarlos para que otros visitantes puedan disfrutarlos», en palabras de Izaguirre. Facilitan la ruta y guardan al viajero. Custodian paisajes secretos y sostienen el mundo.

Conocemos las historias de estos y algunos otros paseantes, cuidadores voluntariosos de entornos naturales. También sabemos que, históricamente, gran parte de la lucha en Europa por el acceso a senderos y caminos se ha librado desde los clubes de senderistas, las federaciones de montaña, las asociaciones ecologistas, la propia población rural y organizaciones obreras. Pero, con la legislación en la mano, ¿a quién compete abrir y mantener todos los senderos? Conforme al ordenamiento jurídico, los caminos son bienes de dominio público, de los cuales son titulares los ayuntamientos o, en su defecto, la comunidad autónoma si el camino transcurre por dos o más municipios. «Dominio público», un sintagma nominal precioso. Sí. Y esto es bastante importante: los bienes de dominio público son inalienables (no se pueden vender), imprescriptibles (no se pueden adquirir por usucapión) e inembargables (no son objeto de embargo), como se recoge en la Ley 7/1985, de 2 de abril, Reguladora de las Bases del Régimen Local. Además, la conservación, el mantenimiento, la vigilancia y la limpieza de los caminos rurales es competencia de cada Ayuntamiento, que tiene también la obligación de defender la titularidad del camino en todo momento. Siempre. Por su parte, las vías pecuarias –las cañadas, los cordeles y las veredas–, aquellas rutas por donde transcurre el tránsito ganadero, son competencia de las comunidades autónomas, que tienen la obligación, a su vez, de conservarlas y mantenerlas. Y una última cosa: siempre se puede recuperar el dominio público cuando este haya sido usurpado por una finca privada o por una casita en primera línea de costa. Tan solo se necesita una apuesta institucional más decidida y eficiente por la catalogación, la ordenación y la conservación de todos y cada uno de los caminos.

Pasear, desplazarse a pie, nos devuelve el escenario natural. También hila el terreno y lo recompone. Zurce los rotos que la excesiva parcelación provoca, hilvana el territorio que la propiedad privada ha ido deshilachando. Delinea estrechas relaciones entre seres humanos y entre estos y el entorno. Caminando todo permanece abordable, próximo, comunicado y unido. Andar, un paso y después otro, restituye prácticas abandonadas y nos acerca a senderos históricos. En nuestro país, antes de que las carreteras llegasen con el siglo XX y, especialmente, en áreas con comunicación deficiente o con orografía complicada, los desplazamientos y viajes a pie o en caballerías eran habituales. Los caminos empedrados e irregulares y las estrechas vías pecuarias eran las arterias que conectaban a las localidades, a las gentes del campo y al ganado. Los caminos de herradura –denominados «sendas» o «senderos» en planos antiguos– fueron los mayoritarios en muchas comarcas ganaderas y zonas vinculadas a la trashumancia. «Vereda de herradura», «camino de herradura» o «camino de mulas» eran los nombres que se les daban a las vías del entorno natural utilizadas tradicionalmente por los arrieros y sus animales, normalmente équidos (mulas, burros, yeguas, caballos). Su itinerario era el más corto y directo entre dos lugares y su mantenimiento, mínimo: su buen estado dependía tan solo de la frecuencia de paso. Sin duda, eran fruto de la eficiente utilización del territorio que ha hecho el ser humano a lo largo de su historia. Todavía hoy, en las lindes de algunas localidades, se observan sobre los lechos de arenisca unos curiosos desgastes en las rocas, un surco más o menos profundo pero distinguible que parece haberse producido por el constante paso de caballos. ¿Qué ha sido de estos transitados senderos de uso comunitario, de estas elementales vías de comunicación? Algunos caminos de herradura se encuentran en desuso, abandonados, por la existencia de vías alternativas más atractivas y rápidas. Otros están cerrados o con acceso restringido, a pesar de su notorio interés sociocultural, paisajístico y de sostenibilidad del entorno. En efecto, muchas fincas privadas y grandes terratenientes cercenan las veredas públicas que atraviesan sus propiedades. Las clausuran y acotan con puertas y vallas las posibilidades del disfrute comunitario del terreno. En los últimos años, algunos pequeños ayuntamientos rurales han dedicado todos sus esfuerzos a reclamar la titularidad de estas antiguas veredas de herradura, batallando por inscribir como público cada sendero histórico. Nadie se puede quedar con el legado de todos. Ni con los senderos de todos. Por otro lado, inscribirlos en la red de caminos municipales pone en valor los recursos naturales y culturales de los concejos y aumenta el patrimonio municipal, así como la conciencia ecológica y el apego natural.

Si en efecto estamos transitando hacia una economía climáticamente neutra, si creemos de veras en lo de alcanzar las «cero emisiones», sin duda debemos empezar a buscar alternativas de movilidad y desarrollar formas de transporte y comunicación más sostenibles y limpias. Es necesario concederle a cada modo de desplazamiento toda la importancia que se merece, especialmente a los que comportan la protección y el cuidado del entorno. Que la población pasee por las antiguas sendas –en total inmersión, vinculada con todo lo que la rodea o de manera abstraída, en absoluto repliegue– y recupere los contornos abandonados de primitivos trayectos. Que retome el contacto con la naturaleza y con el medio rural. Esta es una conexión muchas veces ninguneada, olvidada o inexistente y que ayuda a crear conciencia medioambiental y reivindicar cierto legado y patrimonio natural, histórico y arquitectónico muchas veces descuidado o desconocido.

Nos quedan paseos infinitos por hacer. Reivindiquemos, desbrocemos y allanemos todos los caminos.

7. Caminar la ciudad pacificada

He salido caminando de la ciudad de Madrid y también he entrado caminando en ella.

A pie, atravesando sus barrios. Transitando su, en ocasiones, poco acogedora superficie urbana, a paso ligero y con emoción, como la mejor de las aventuras. He paseado por mi ciudad entregada, muy presente, conectada con cada hito que alcanzo a descubrir. Para leerla bien, para entenderla. Para descubrir sus posibilidades –una ciudad alberga siempre más de lo que cualquiera pueda llegar a conocer– y vivir su exuberancia. Para comprobar sus lindes y descubrir a qué le llaman «más allá». Para habitarla mejor y para hacerlo de verdad. Para constatar que puedo hacerlo.

Años ochenta del siglo pasado. La periodista y escritora Vivian Gornick callejeaba por Nueva York, a buen ritmo, una vez a la semana con su progenitora. En sus caminatas sin rumbo, a través de los diferentes barrios y avenidas, madre e hija se daban y se quitaban la palabra y recordaban, cada una de un modo bastante diferente, cómo una había criado a la otra en un bloque de viviendas de familias judías en el Bronx. Se mostraban afecto, desafecto; asentían, disentían. La ciudad era el inacabable escenario de una compleja relación familiar. «Paseamos por las calles de Nueva York juntas continuamente. Ahora ambas vivimos en el Lower Manhattan, nuestros apartamentos están a kilómetro y medio de distancia y, cuando nos visitamos, lo hacemos a pie. Mi madre es una campesina urbana y yo soy la hija de mi madre. La ciudad es nuestro elemento natural. Las dos tenemos aventuras a diario con conductores de autobús, mendigas que arrastran carritos, acomodadores y locos callejeros. Pasear saca lo mejor de nosotras», relata Gornick en *Apegos feroces*. Caminar la ciudad también saca siempre lo mejor de mí.

El caminante (*Aruku Hito* en su versión original), una belleza y un hito en la historia contemporánea del cómic, es una de las principales obras del autor japonés de manga Jirō Taniguchi. El protagonista de esta historia, publicada por fascículos en *Monthly Afternoon* a principios de los años noventa, es un hombre de mediana edad que se instala con su mujer en una casa nueva ubicada en las proximidades de una metrópolis, posiblemente Tokio, y que dedica todo su tiempo libre a pasear sin rumbo fijo por la ciudad. Para habitarla de verdad. Deambulando por callejuelas, atravesando parques, recorriendo lentamente la ribera de un río, merodeando por diferentes barrios. Nuestro caminante disfrutón, mientras vagabundea, observa los pájaros, se baña por la noche en la piscina municipal, ve caer la nieve, trepa por un árbol, huele los magnolios en flor, se pierde por el barrio, se relaciona con las vecinas y descubre una multitud de pequeñas cosas que conforman la vida diaria en la urbe. Taniguchi nos muestra a su paseante fuera del horario laboral y de las exigencias del trabajo; en reposo, satisfecho. En una disposición de total liberación. En estado de gracia, deleitándose con la sencilla cotidianidad y alcanzando la felicidad en el instante concreto.

La ciudad se conoce, se disfruta y se ocupa sobre todo caminando. Janette Sadik-Khan, comisaria de Transportes de la ciudad de Nueva York entre 2007 y 2013, relata en su libro *Luchar por la calle. Manual para una revolución urbana*:

> Mi educación urbana comenzó muy pronto mientras exploraba las calles en compañía de mi madre, Jane McCarthy, que siempre fue una neoyorquina apasionada con firmes opiniones con respecto a la renovación urbana, la conservación y los múltiples matices de la interacción humana en las calles de los barrios [...]; cubría la información municipal como reportera del

New York Post y estaba tan atenta a los detalles concretos como a las anécdotas. Mientras íbamos charlando, no paraba de decirme: «¡Mira, levanta la vista!». Y me señalaba los edificios y la gente que nos rodeaba. Si prestaba atención, podría descubrir cosas que hasta entonces me habían pasado desapercibidas.

Un trabajo que invita a mirar, a leer las calles de la ciudad paseando y considerando a las personas que las habitan. Y donde comparte su propia experiencia cambiando el diseño básico y el uso del espacio público en una gran urbe.

Mi educación urbana surgió también de la curiosidad y del vagabundeo arrobado por la ciudad. A pie. Fijándome atenta. Tomando nota de los cambios, de lo que preocupa a las vecinas y de lo que ocurre en las calles. Es en ellas donde la vida sucede, donde se reflejan la convivencia y el conflicto; lo bello y lo triste. Donde ocurren las pequeñas y grandes historias y transcurre el día a día. La historia verdadera y la vida vivida, como describen Gornick, Taniguchi y Sadik-Khan. La vida humana «se desarrolla básicamente a pie; es a pie, fuera de los automóviles, cuando se producen las relaciones más directas e intensas de las personas con el entorno físico y social. Y el espacio público que las acoge es el espacio cívico por excelencia, el espacio de la integración y de la coherencia social», explica Julio Pozueta Echavarri, catedrático de Urbanística y Ordenación del Territorio, en *La ciudad paseable*. Fíjate bien, sí, son las calles las que sostienen la vida urbana, la vitalidad o la atonía de los barrios y de la ciudad en su conjunto. Las calles importan. Mucho. Tienen una gran influencia en nuestra vida. Han de ser la argamasa que aglutine y solidifique el espíritu vecinal y el vínculo social. Sin calles paseables, transitables, sin calles pacificadas y nuestras es imposible que haya ciudad, porque no sucede la interacción ni se genera cohesión social. No se consolida la idea de procomún, de pertenencia, de vecindad. No se produce esa coherencia e integración. Los intereses del barrio se atomizan. Y no se ejerce la participación, la ciudadanía.

Jane Jacobs, la pensadora, activista y visionaria urbana por excelencia, publicó su obra clave, *Muerte y vida de las grandes ciudades*, hace más de sesenta años. Se trata de un libro no académico, escrito de manera sencilla, nada ampulosa, que recopila anécdotas y ejemplos tomados directamente de sus observaciones de la cotidianidad desde la ventana de un segundo piso, contemplando «el ballet diario de la calle Hudson», y durante sus propios paseos. En sus páginas expone con claridad cómo el diseño de una ciudad puede mejorar o destruir la calidad de vida de los ciudadanos. Y defiende aquello que tanto ama: la ciudad popular y la vida en las calles. «Las calles y sus aceras, los principales lugares públicos de una ciudad, son sus órganos más vitales. Cuando las calles de una ciudad ofrecen interés, la ciudad entera ofrece interés; cuando presentan un aspecto triste, toda la ciudad parece triste». Con esta tesis, la divulgadora se encara con las élites de expertos (mayoritariamente hombres) en el campo de la planificación urbana y defiende un diseño de ciudad centrado en las personas.

En contraposición a esa idea de gran urbe sobre la que pensar y actuar en términos de valor de cambio, de búsqueda de beneficios –mera mercancía sometida al dislate del mercado–, Jacobs propone un modelo de ciudad a escala humana donde las calles se vuelvan acogedoras, «prodigios de densa complejidad y compacto apoyo mutuo», espacios de encuentro e intercambio, con usos versátiles y accesibles a toda la ciudadanía. Donde las aceras sean el escenario de una posible, compleja y apasionante vida social. Para Jacobs, una calle de barrio ha de tener múltiples usos para que sea de interés. Los barrios han de albergar un poco de todo: viviendas, consultorios médicos, oficinas, comercios, escuelas, bibliotecas, lugares de esparcimiento y ocio que animen a la gente a transitarlas a pie de día y de noche. Con un diseño urbano equilibrado que otorgue vida a las aceras, que invite a pasear por ellas, manteniendo al vecindario vinculado, implicado, integrado, dotándolo así de seguridad. En las páginas del libro que tienes en las manos se siguen siempre las ideas y los postulados de Jane Jacobs.

La ciudad nació para ser vivida, para que se hiciera uso de ella. Para que la experiencia humana se desarrollara también en común a pie de acera. Pero ¿qué ocurre si el simple acto de caminar por donde desees o necesites, tomando la primera calle a la derecha o a la izquierda, se torna en desafío? «Hoy bajo nuestros pies se extiende la ciudad inhabitable, aquella que ha sido parcelada y vendida. Una ciudad que solo desea ser visitada. Incómoda como un palacio. Inhóspita. ¿Podemos construir una vida en calles que nos expulsan, para las que somos un estorbo, sospechosos de pretender residir?», reflexiona el ensayista Julio Monteverde, editor de *Psicogeografía. Trayectoria de un método*. Y esta es una pregunta central. ¿Podemos construir una vida en las calles tal y como están concebidas? ¿Son realmente caminables nuestros paisajes urbanos? ¿Andamos por vías pacificadas o vivimos en ciudades que han dado la espalda a la gente?

«Durante el último siglo, las calles se han diseñado para garantizar la circulación del tráfico, pero no para el sostenimiento de la vida que se desarrolla a su lado. Muchas calles ofrecen a la población escasas alternativas para moverse de un sitio a otro, desincentivan los desplazamientos a pie y sofocan la vitalidad, la interacción social», profundiza Sadik-Khan en su libro. El hecho es que muchas calles metropolitanas, y sus aceras –estrechas, malogradas, en manos de la hostelería, cedidas a empresas de transportes compartidos o abandonadas–, son difíciles de transitar y poco o nada accesibles. No están diseñadas a escala de los deseos y las necesidades del peatón. Sin embargo, su configuración, su cuidado y su funcionalidad tienen mucha influencia en nuestro bienestar.

La Red de Ciudades que Caminan es una asociación internacional sin ánimo de lucro abierta a ayuntamientos y otras administraciones públicas comprometidas con la caminabilidad (esto es, la accesibilidad y facilidad de tránsito de los viandantes por la ciudad). Su objetivo fundamental es alcanzar la prioridad peatonal de las calles, equilibrando el espacio público con políticas que mitiguen el protagonismo del tráfico de vehículos particulares. Y, por ende, transformar las ciudades en lugares más humanos, inclusivos y amigables. Con estos encomiables propósitos, en 2023 se llevó a cabo un interesante y detallado análisis sobre la movilidad en las calles de ochenta y cinco ciudades españolas de todos los tamaños. El informe puso de manifiesto el excesivo espacio público reservado a los vehículos de motor: el 68 por ciento de las calles está dedicado a los coches y solo el 32 por ciento es para los peatones, que deben compartirlo con el mobiliario urbano, los vehículos mal estacionados, las obras… Una cifra que baja hasta el 25 por ciento en las periferias. A la pregunta «¿Te ha gustado caminar por el conjunto de las calles?», el 70 por ciento de los encuestados respondió negativamente: a un porcentaje elevado de los residentes no les gustaba nada pasear por la ciudad tal y como estaba planificada. Un 10 por ciento de los participantes permaneció indiferente, y tan solo un 20 por ciento respondió de forma positiva. A la pregunta «¿Por qué calles te gustó más caminar?», el informe aclaraba que eran las vías más céntricas las que ofrecían un mayor índice de satisfacción. En los barrios no centrales, una amplia mayoría (el 93 por ciento) no respondió de forma positiva. Según el mismo estudio, la inmensa mayoría de las calles (91,4 por ciento) carecían de cualquier tipo de limitación para la circulación de automóviles de motor. Y en un 81,6 por ciento se cedía espacio para que lo ocuparan vehículos privados. En resumen: tenemos poco espacio público y de mala calidad para los peatones, así que nuestras urbes, en general, no parecen las más adecuadas para pasear por ellas con entusiasmo una tarde de primavera cualquiera.

Las ciudades son entes vivos en perpetua transformación. Sus características demográficas evolucionan, mutan –en el contexto actual, caen las tasas de natalidad, la población envejece, surgen diferentes movimientos de población y procesos migratorios–, y los usos urbanos han de adecuarse a tales cambios. Al mismo tiempo, son espacios habitados por la diversidad. Su diseño ha de respetar todas esas variaciones, esa complejidad, ese tejido desemejante y considerar todas las posibilidades –fruto de la riqueza social– para la vida en común. Una buena planificación urbana ha de regirse, sin duda, por un enfoque inclusivo: con entornos seguros, acogedores y con usos mixtos para toda la ciudadanía, independientemente de su edad, género, habilidades, cultura o ingresos. Entornos públicos integradores que puedan ser disfrutados y paseados por todos y todas, con una atención especial a las necesidades de las personas con movilidad reducida, de edad avanzada, niños, niñas… Mejoras y diseños urbanos que hagan realidad la accesibilidad universal. Con calles y aceras más seguras y amables. Con vecindarios caminables para vivir mejor la ciudad.

Trazar, diseñar las calles como lugares destinados casi en exclusiva a la circulación de los coches convierte a las urbes en lugares inseguros, insalubres, insostenibles e inhóspitos. En los últimos años, los habitantes y los mandatarios de algunas metrópolis –Nueva York o París, por ejemplo– han comprendido la relevancia de disponer de un dominio público acogedor, saludable, más seguro para el viandante y más accesible para cualquier franja de edad. Se han percatado del alcance de disponer de un espacio público más atractivo y caminable en la vida de las personas, que impulse la interacción espontánea y la vitalidad social, pero también económica, de los barrios. Han empezado a entender el potencial de la vida comunitaria y a querer recuperarla, a desear un cambio en la planificación urbana y en la movilidad. A anhelar un espacio público pacificado orientado a las necesidades de las personas en lugar de a los coches.

Si reescribimos el código de funcionamiento de las urbes de manera que pasear por las calles sea una actividad accesible y atractiva, la ciudadanía volverá a caminarlas. Si pacificamos el espacio público, lo rediseñamos de forma inclusiva, si reconquistamos el asfalto y reverdecemos la ciudad e insertamos la vida de las vecinas de hoy en una ciudad naturalizada, estas recorrerán a pie los barrios.

Demandemos ciudades sanas, sostenibles, accesibles y transitables a pie, con espacios de socialización que ayuden a crear vínculos estrechos entre las personas.

Ciudades paseables: pacificadas, deseables y felices.

8. Caminar sola

Algunas veces que paseo sola me empujo con obstinación. No para vencer la pereza (no soy perezosa), sino para reclamar mi espacio en este mundo. Para estar en él de manera significativa, relevante. Me obligo como forma de expresión y como una manera de demostrar que puedo. Ese es mi espacio y ese es el camino: lo voy a seguir. Sola, tomo posesión del trocito de espacio público que me toca y venzo la alargada sombra del temor –sí, el temor que siempre te acompaña cuando paseas sola– y la vergüenza de saberme observada –sí, la vergüenza que se hereda–. Empiezo a andar porque sí. Un pie tras otro, paseo como lo hacen los hombres por un lugar cualquiera. Avanzo más allá de mi conocimiento, forzando aventuras nuevas. Camino a solas, conectada o abstraída, con un sentimiento de ligereza y cierta satisfacción. Ejerzo mi derecho a estar, pero no por todos los sitios y tampoco a todas las horas.

En 1928, a la escritora británica Virginia Woolf le propusieron dar una serie de charlas a un grupo de jóvenes estudiantes del Newnham College y del Girton College –instituciones educativas femeninas de la Universidad de Cambridge, las primeras en las que podían estudiar mujeres– sobre un tema que le atañía de forma especial: la mujer y la novela. Ese estímulo oportuno, aquellas conferencias, llevó a la novelista a hacerse preguntas sobre la literatura escrita por mujeres, así como sobre las condiciones vitales necesarias que posibilitan la creación artística. Estas reflexiones, profundas y valientes, vieron la luz algunos años más tarde en un ensayo capital, audaz y bastante divertido, *Una habitación propia*, uno de los textos feministas más importantes del siglo XX. Como cuenta la autora en las primeras páginas del libro, recogió el guante académico, se sentó a la orilla de un río un bello día de octubre y se puso a pensar, de forma pausada, sobre el significado de esas palabras, «mujer» y «novela». El asunto no era sencillo. Así que montó un espléndido relato, de hondo calado y sirviéndose de argucias novelescas, para tratar de esclarecer la conclusión a la que había llegado tras meditar sobre este tema. Y esta conclusión es la siguiente: «Una mujer debe tener dinero y una habitación propia para poder escribir novelas; y esto, como veis, deja sin resolver el gran problema de la verdadera naturaleza de la mujer y la verdadera naturaleza de la novela».

Para confirmar esta hipótesis de partida, la escritora se sirvió de una premisa concreta que fue desarrollando: por qué le hubiera sido del todo imposible a una mujer escribir las obras de Shakespeare en la época de Shakespeare. Y ficcionó un personaje: una imaginada hermana del autor de *Hamlet*, Judith Shakespeare, «maravillosamente dotada […] con el mismo espíritu de aventura, la misma imaginación, la misma ansia de ver el mundo que él. Pero no la mandaron a la escuela. No tuvo oportunidad de aprender la gramática ni la lógica, ya no digamos de leer a Horacio ni a Virgilio. De vez en cuando cogía un libro, uno de su hermano quizás, y leía unas cuantas páginas. Pero entonces entraban sus padres y le decían que se zurciera las medias o vigilara el guisado y no perdiera el tiempo con libros y papeles». Así y todo, la pasión por el arte y la ilusión por el teatro ardían también en la hermana inventada, que escapó de la casa paterna una noche de verano en busca de fortuna a la ciudad de Londres. Pero, acaso, «¿podría ella conseguir comida en una taberna o deambular por la calle a medianoche?», se preguntaba Woolf. Interesante. La novelista veía clara la situación de desigualdad entre «la seguridad y la prosperidad de que disfrutaba un sexo y la pobreza y la inseguridad que achacaban al otro». Sí, las mujeres sufren de pobreza y de inseguridad desde el principio de los tiempos. El ensayo continúa con consideraciones definitivas y aciertos brillantes.

Me he tomado la libertad de explicar todo el proceso de gestación de *Una habitación propia* (que es, en realidad, una bonita y notoria genealogía del pensamiento contemporáneo) para llegar justo a ese pasaje y a ese momento en que la hermana imaginaria del dramaturgo inglés no puede vagar a su antojo por la calle a medianoche a mediados del siglo XVI. No, no puede pasear sola, sin un hombre a su lado y sin motivo aparente. En tales condiciones de desemejanza y disparidad no podría llegar a escribir *Hamlet*, *Macbeth* ni nada parecido. Sería imposible para ella transgredir las normas escritas y no escritas sin que nada le ocurriese. Pues, en efecto, no eran solo las cuestiones económicas o alimentarias las que imposibilitaban el pleno desarrollo intelectual y personal de las mujeres: la inseguridad en el espacio público y el razonable miedo que comportaba esa violencia latente les coartaban cualquier oportunidad de progreso, avance y mejora. Carecían de independencia. Esta era (y sigue siendo) una cuestión muy relevante. ¿Puede ocupar una mujer el ágora de igual forma que la ocupa un hombre? ¿Puedo yo, como mujer que soy, tomar posesión de esa potencial parcela de espacio público que me toca, hacerla mía en cualquier circunstancia sin sentir violentadas mi libertad individual y mi autonomía corporal? ¿A qué lugar nos hemos visto relegadas históricamente las mujeres en la sociedad por el poder temporal o el poder religioso? ¿Puede una chica caminar sola y tranquila al mismo tiempo?

La escritora estadounidense Sylvia Plath se sinceraba sobre los graves impedimentos sociales e individuales que le suponía ser mujer en sus *Diarios completos*, escritos entre 1950 y 1962, durante sus años de estudiante en el Smith College de Northampton y en el Newnham College de la Universidad de Cambridge (donde Virginia Woolf había impartido sus charlas un par de décadas antes), a lo largo de sus años de matrimonio con Ted Hughes y en los dos años que dio clases y escribió en Nueva Inglaterra. Su deseo esencial era conocer en profundidad, dejarse sorprender, curiosear, vagar libre por la noche, vagabundear sola: «Haber nacido mujer es mi tragedia. […] aquí la esfera entera de mis actos, mis pensamientos y mis sentimientos quedará estrictamente limitada por mi feminidad inexorable. Sí, mi deseo ferviente de alternar con camioneros, marineros y soldados, con los parroquianos de los bares –de ser un personaje anónimo de la obra para escuchar y observar–, resulta imposible porque soy una chica, mujer por siempre expuesta al peligro de una agresión. El irreprimible interés que me inspiran los hombres y su vida a menudo se confunde con el deseo de seducirlos, o se interpreta como una invitación a la intimidad. Pero, por Dios, yo solo quiero hablar con todas las personas que sea posible y profundizar todo lo que sea capaz. Me gustaría poder dormir a cielo abierto, viajar al oeste, pasear libremente por las noches». Una actividad tan simple, tan apacible y tan inocua como salir al mundo a pasear en soledad buscando alivio, andar por andar sin compañía de nadie, por puro deleite, o caminar como forma de desplazamiento, ha estado vetado para las mujeres desde tiempos remotos. Desde siempre. Los hombres han podido transitar extasiados y seguros por el bosque, por los jardines y por las plazas. Las mujeres se han visto intimidadas y castigadas solo por intentarlo. Como si solo les estuviera permitido ver de lejos la vida pública, contenidas y haciendo el menor ruido posible. Ciertas leyes, el peso de la tradición y la propia amenaza coercitiva de la violencia sexual –ese miedo atávico al acoso, al daño, a la muerte– han disuadido a todas las chicas y les han limitado la posibilidad, desde que el mundo es mundo, de echarse al camino y andar a su antojo.

A lo largo de la historia, las mujeres hemos ocupado una posición secundaria en el espacio público. En lo común y lo reconocible; en lo visible, lo importante, lo destinado a todas. Y sí, ciertas leyes nos han impedido y nos impiden franquear a pie, solas y a gusto los entornos rurales y la ciudad. En *Wanderlust*, Rebecca Solnit cuenta que en el siglo XIX muchos gobiernos europeos se afanaban por regular la prostitución limitando las ocasiones en las que se podía ejercer el oficio. En realidad, dicha reglamentación consistía en restringir la libertad de movimientos de las mujeres, de cualquier mujer que necesitase o deseasetransitar a pie por las calles. Ellas desarrollaron ciertas argucias: «Las mujeres del siglo XIX, siempre vistas como seres demasiado frágiles y puros para mancharse en la ciénaga de la vida urbana, comprometían su reputación por andar por la calle sin tener un propósito concreto y, por esta razón, las mujeres legitimaron su presencia comprando cosas –demostrando así que no estaban ellas mismas a la venta–; […] En cuanto las tiendas se cerraban, se les acababa buena parte de sus oportunidades para caminar».

Ya hemos visto que el movimiento de las sufragistas británicas y estadounidenses se volvía militante y comenzaba a desplegar una fuerza desconocida e inusitada con marchas y manifestaciones que eran objeto de una violencia extrema por parte de las fuerzas policiales. Las activistas a favor del voto femenino intentaron ejercer su derecho a estar y hablar en lo común, de participar en la vida pública caminando y tomando las calles, pero fueron detenidas y en muchas ocasiones se vio forzada la integridad de sus cuerpos. Las leyes del momento les impedían ocupar con sosiego las aceras. Caminar solas. En la actualidad, una ley afgana dictamina que las mujeres no pueden salir de sus hogares a menos que vayan acompañadas por un *mahram*, un hombre de parentesco cercano (padre, hermano o marido). No pueden desplazarse sin él. Una restricción –sumada a muchas otras– severa e inhumana que limita su autonomía, su movilidad y su acceso a servicios básicos, oportunidades laborales y espacios de socialización. Les impide ser ciudadanas de pleno derecho, en igualdad.

La sombra alargada de la cultura y la tradición –esta capacidad de acumular ideas e inventos durante generaciones, que perpetúa los estereotipos y, en ocasiones, la desigualdad de género– es otro obstáculo que impone el apartamiento público de la mujer y que condiciona su devenir como ciudadana. De hecho, cada alarde de independencia femenina, cada deseo de visibilidad pública y de tomar las calles, se ha equiparado históricamente, de forma cultural, a la falta de honra y de reputación (sexual).

«Pero te gusta ir sola, hija mía, como si fueras un golfo. Expuesta a las impertinencias de los hombres. ¿Es que eres una criada, acaso?... A tu edad, a mí no me dejaban ir sola ni a la puerta de la calle. [...] Hija mía, hay unas calles en las que, si una señorita se metiera alguna vez, perdería para siempre su reputación»: con estas palabras la tía Angustias afea a Andrea –la protagonista de *Nada*, la obra de Carmen Laforet– su deseo de explorar por sí misma las calles de la ciudad. Salir a callejear buscando momentos a solas, estar a pie de acera sin motivo aparente y hacerlo sin miramientos, se ha asociado a personalidades disolutas, a mujeres fáciles, a chicas de... ¿la calle? Solnit explica que «el caminar femenino suele ser, por cierto, entendido como una exhibición o un espectáculo más que como un traslado de un lugar a otro, y ello porque se supone que las mujeres caminan no para ver, sino para ser vistas, no para su propia experiencia, sino para un público masculino a cuyos miembros les solicitan cualquier atención que puedan recibir». El paseo femenino se sexualiza. Y entonces se produce la siguiente asimilación: las mujeres que ejercen su derecho a estar en el espacio público pasan a ser seres sexuales, accesibles y disponibles. Con lo que todo esto conlleva.

Así, la mayor o menor inseguridad (según la época o el lugar en que pongamos nuestra mirada) que, de forma inevitable, sienten todas las chicas a determinadas horas o en espacios concretos, siempre ha actuado como medida represiva, limitadora de la libertad de movimientos en las calles y los caminos. La amenaza latente de la violencia sexual es un condicionante poderoso que fuerza la voluntad y la conducta. Nos autolimitamos, nos autocensuramos. Abandonamos. Y en ciertos momentos no salimos, o salimos poco, a caminar. Algunos datos actuales lo evidencian: «El 46 por ciento de las mujeres en todo el mundo no se sienten seguras ni confiadas cuando caminan solas por la noche en su barrio. Las cifras son aún más críticas en ciertas áreas geográficas: el 64 por ciento de las mujeres en las Américas declaran no sentirse seguras, el 47 por ciento en África». Este es un porcentaje altísimo de sensación de inseguridad en el propio barrio, el lugar donde mayor arropamiento y amparo ha de sentir una persona. Esta información se extrae de la encuesta mundial anual elaborada por la Red Mundial Independiente de Investigación de Mercados en 2024, que explora opiniones y creencias en 39 países de todo el mundo. Y más: «Las regiones de América Latina son percibidas como las menos seguras: el 83 por ciento de las mujeres en Chile no se sienten seguras caminando solas, seguido por el 81 por ciento en México y el 75 por ciento en Ecuador. En Europa, Italia (63 por ciento), Grecia (62 por ciento) e Irlanda (58 por ciento) reportan el porcentaje más alto de mujeres que se sienten inseguras, pero incluso en Francia (54 por ciento) y el Reino Unido (50 por ciento) la situación es preocupante». Podría asumirse que es un sentimiento generalizado.

Asimismo, la investigación internacional sobre acoso sexual en los espacios públicos elaborada por Ipsos para L'Oréal Paris en 2023, para la que se entrevistó a veinte mil mujeres de veinte países diferentes, destaca que más de un 80 por ciento de las encuestadas evitan caminar por determinados lugares o salir tarde por las noches. Un sondeo realizado en Montreal (Canadá) revela que el 84,4 por ciento de las mujeres indígenas y racializadas encuestadas han sufrido alguna forma de acoso sexual en el espacio público urbano en el último año. En nuestro país, el porcentaje de mujeres españolas que aseguran haber experimentado al menos una vez en la vida acoso callejero es del 77 por ciento. La cifra aumenta a un 92 por ciento en las menores de treinta y cinco años. Un porcentaje terrorífico. En 2023, un estudio del Observatorio Vasco de la Juventud que analizaba algunos indicadores de la situación que vivían las mujeres jóvenes en Euskadi concluyó –y esto es especialmente sensible– que su miedo a andar por la calle en solitario y de noche se había incrementado de forma muy notable respecto a los años anteriores: se había duplicado entre 2016 y 2022, pasando del 34,2 al 72,1 por ciento. El miedo.

¿Se podría evitar toda esa inseguridad? ¿Se están adoptando medidas o estrategias encaminadas a ello? En el año 2010, la Organización de Naciones Unidas impulsó un innovador programa global a iniciativa de ONU Mujeres: Ciudades Seguras y Espacios Públicos Seguros para las Mujeres y las Niñas. Su objetivo era diseñar ciudades con zonas seguras para luchar contra la violencia sexual a la que se enfrentan cada día las mujeres y las niñas en todo el mundo. El proyecto impulsó iniciativas locales que, apoyadas en datos, trataron de poner fin a esa lacra. Con resultados interesantes: Dublín y Quito, por ejemplo, reconocieron la necesidad de renovar su diseño urbano para que los espacios públicos fueran inclusivos, seguros y receptivos a las necesidades de las mujeres. Para que estas pudieran ocuparlos y recorrerlos. Port Moresby (Papúa Nueva Guinea) y Kigali (Ruanda) dieron prioridad a la seguridad de las vendedoras ambulantes, y crearon mercados más confiables y con mejores infraestructuras para que pudieran ejercer su derecho a estar y su derecho al trabajo. En El Cairo (Egipto) se mejoró el entorno urbanístico de algunos barrios con el fin de aumentar la sensación de seguridad de todas sus habitantes. La nueva disposición, más amigable, separaba explícitamente el espacio peatonal y de recreo seguro para ellas y la parte para los vehículos, valorando siempre las necesidades de las niñas. En Marrakech formaron a más de mil quinientos conductores de autobuses para prevenir y responder al acoso sexual. Hasta 2023 –según datos de la

Agencia Española de Cooperación Internacional para el Desarrollo– unas 55 ciudades de 31 países participaron en el programa, y más de 26 millones de mujeres fueron beneficiarias directas o agentes de cambio de esta estrategia.

Las ciudades modernas están diseñadas por los hombres y para los hombres. Lo constata el propio Banco Mundial en una interesante publicación de 2020, el *Manual para la planificación y el diseño urbanos con perspectiva de género*. Esta guía –para un diseño urbano que incorpore de forma activa la voz de mujeres, niñas y minorías sexuales y de género– confirma un dato inquietante: que las mujeres ocupan tan solo el 10 por ciento de los puestos más importantes en los principales estudios de arquitectura del mundo. El porcentaje de voces femeninas en la elaboración del discurso urbano, en el que se decide sobre el presente y el futuro de las ciudades, es muy escaso, mínimo. Esta carencia supone menos sensibilidades evaluando temas relevantes como que la planificación urbana ha de tener en cuenta la movilidad restringida de las mujeres, que estas dependen en mayor medida del transporte público o que los peatones son mayoritariamente menores, personas de edad avanzada y mujeres.

Así que, amiga, si al caminar sola por tu municipio sientes extrañeza e inseguridad, recuerda que no te lo estás imaginando: el sesgo patriarcal está, literalmente, integrado en los espacios urbanos. Y el impacto que esto tiene en nuestra vida es enorme, incalculable: afecta al acceso a la educación, al empleo, a las actividades sociales y a las oportunidades de liderazgo. Necesitamos alcanzar el pleno derecho de todas las niñas y mujeres a las calles, a pulular en total libertad por veredas, prados y avenidas. Lograr el obvio derecho a la presencia física completa, sin miedo. A ocupar el espacio que nos corresponde, nuestro espacio. Y a caminar, conectadas o ensimismadas pero tranquilas, sin riesgo. Somos y estamos.

9. Un elogio del andar por andar

Mi abuelo Román era un hombre de campo, un agricultor erudito que conocía todas las palabras y sabía cómo utilizarlas. Me enseñó muchas de ellas. Las palabras para las cosechas y para los aperos de labranza. Las palabras para los cielos, para las nubes y para las lluvias. Las palabras para todas esas plantas humildes, las que colonizan los senderos terrosos, las faldas escarpadas, las grietas imposibles. Las palabras para el cantar de algunos pájaros y para todos los caminos. Mi abuelo sabía ver y por eso miraba. Todo le interesaba. Con él paseé sin prisa y porque sí, agarrada de su mano mientras pronunciábamos en voz alta un montón de todas esas palabras. Caminamos a la orilla del río y por senderos viejos, en desuso. Entre perales y almendros. También entre viñas viejas. Por la vega, entre las huertas y a lo largo de todos los parques.

En Logroño, nuestro parque favorito era un campo algo apartado, el Parque de los Enamorados –entre el camino viejo de Fuenmayor y los barrios de Valdegastea y San Lázaro–. Un terreno extenso, de unas trece hectáreas, profusamente poblado de pinos que olían a verde claro, a dulce y a resina. De mi abuelo aprendí también que todo lo que hay cerca de los pinos puede hacerte sentir mejor. Y que a nuestro pinar favorito se llegaba caminando y de su mano. Para alcanzar el deseado parque, paseando, había que atravesar cierta linde, cierta frontera: las vías del tren. Aquello revestía al asunto de novedad y de un halo de misterio. Hiperestimulada por todos los secretos, por todas las historias y las palabras nuevas que nos esperaban tan solo unos pasos más allá –con la capacidad de asombro intacta, inalterada, fresca–, llegaba feliz al enclave prometido, sin reparar en los necesarios kilómetros de caminata.

Asida a su mano, mi abuelo me transmitió la curiosidad infinita por casi todo y el interés por lo venidero, por lo ulterior. También el amor por vagabundear. Por transitar a pie y por llegar caminando; un paso, después el resto. Él me infundió el gozo de andar por andar: sin pretexto aparente, sin que medie apenas ningún fin ni ningún propósito elevado. A ritmo lento, sin récords que batir, sin metas que alcanzar. Únicamente por el puro asombro, por cierto alborozo y por alcanzar algunos pensamientos inexpertos, nuevos. Ahora, lo pienso despacio y lo sé: al disfrute por caminar a la deriva llegué aferrada a su mano.

Sostengo, sí, que el deleite por callejear, el gusto por deambular, se puede adquirir. Y propagarse, por ejemplo, de abuelos a nietas. Y que al placer de andar por andar se puede llegar de la mano de aquellos que nos han querido y contagiado la fascinación por todo lo que va a acontecer, por todas las cosas nuevas. Este es un disfrute que se inculca, se inocula. Mantengo, sin apenas dudas, que pasear con entusiasmo y sin rumbo se aprende y se cultiva. Como se cultivan la ilusión y el gusto por sorprenderse. Si te acompañan con amor y te toman de la mano.

Traigo a estas páginas el recuerdo de esta pequeña anécdota familiar para hacerme entender. Para aportar mi contexto. Para esclarecer los orígenes de esta predilección mía por el desinteresado arte del paseo sin finalidad distinguida. Me viene de lejos. Para mí, siempre, el caso es andar por andar. Recorrer a pie el bosque frondoso o las calles empedradas sin razón de peso aparente. Me declaro valedora firme, imperturbable, del paseo sin pretensiones; del paseo radical. Del merodeo al servicio de la nada. De la ruta a pie feliz e improvisada. Del remoloneo con talante improductivo. Del garbeo sin ambiciones. De la excursión no medible, no competitiva. De la caminata perezosa y sin rumbo. Lo defiendo de todos modos: ya sea atenta, muy presente y vinculada con lo que me rodea y me interpela, con un caminar conectado, o abstraída, replegada, practicando el escapismo consciente, con un caminar ensimismado y entregado a todos los pensamientos. Como decía Cecilia en su canción «Andar»:

> *Aunque el camino sea estrecho,*
> *el polvo se pegue al cuerpo,*
> *aunque los vientos me arrastren,*
> *sigo mis sendas sin lastre.*
>
> *Andar como un vagabundo,*
> *sin rumbo fijo, sin meta,*
> *a vueltas de veleta,*
> *al soplo del viento al azar,*
> *el caso es andar.*

Este es mi humilde elogio del andar por andar. Como forma principal, prioritaria y cotidiana de desplazamiento. Como praxis humanista contra el prestigio de la velocidad, de la productividad, de la operatividad. Como acción gratuita. Como actividad indómita favorita en contra de la lógica de los tiempos actuales. Como acto contracorriente. Como forma de resistencia. Como desconexión del febril ahora. Como labor discreta, silenciosa e infructuosa para algunos, ya que no produce nada salvo experiencias, algunas reflexiones y llegadas. Como placer incompatible con esa pulsión contemporánea por poseerlo todo, por ganarlo todo y por cronometrar la eficiencia del tiempo. Como movilidad activa, saludable y sostenible: caminar más y contaminar menos. Como toma de conciencia de la salud de los barrios. Como plan de contingencia: cuando todo falla, al menos, siempre están tus piernas.

Salgo hoy de paseo a merced de mí misma: me dejo llevar. Camino y camino perezosa, sin finalidad aparente, solo con el objeto de eludir cierto desasosiego y con la necesidad de tomarme un respiro de la actualidad. Y pruebo a sorprenderme a través de rutas nuevas. Improviso por caminos enmarañados y espesos. Me atrevo por esos atajos poco transitados, donde se abrevia el sendero. En soledad, continúo la senda. Los escaramujos, las zarzamoras, los arbustos espinosos me cierran implacables el paso. La naturaleza rezuma belleza y se expande. Esquivo y rebaso los obstáculos con determinación y entusiasmo. Nada me desbarata la alegría de hallarme ante un camino nuevo, un camino a pie, nuevo y mío. Y prosigo, me desdibujo, andando y andando.

10. Epílogo

Ya lo he dicho: al caminar, todo permanece entrelazado, vinculado, unido. Conforme nos adentramos con ilusión en la estrecha vereda, las ideas que nos alcanzan caprichosas, las ocurrencias que nos sacuden, también se enlazan y se asocian. Conectan, de alguna manera. Y todo adquiere, por fin, cierto sentido. Mientras escribía este libro, paseando a la sombra de senderos nuevos, atrapé algunas breves certezas que engarzaban unas con otras. Las comparto aquí, pues quizá puedan resultarte de interés:

- Empiezo con una loa a la dignidad de lo improductivo –sí, lo improductivo es digno y loable– y en contra del halo peyorativo que juzga en negativo actividades tan estimables e íntegras como errar, vagar, decrecer, parar. En ocasiones, no producir nada, ni tan siquiera expectativas, y dedicar el tiempo que se necesite a sosegarse en barbecho es una decisión bastante sabia. La opción idónea en momentos delicados. Haremos bien en aminorar el ritmo y ensalzar lo infructuoso. Y en rendirnos a la voluntad tranquila de perdernos en el paisaje de la ciudad o de los bosques. Sin más.

- El mundo se desentraña también paseando. Puedo asegurarlo.

- Andar debería ser la actividad habitual y ordinaria si la caminabilidad de nuestras ciudades, veredas y senderos lo permitiera. Es un hecho que los espacios abiertos a deambular son muchas veces escasos y que las zonas de paseo de nuestras urbes están sometidas, la mayoría de las veces, a los intereses y las demandas de las masas motorizadas. También, en los entornos rurales, se reducen drásticamente conforme avanzan la urbanización, las autopistas y las diferentes infraestructuras que no suelen tener en cuenta al caminante, ese personaje cuasimítico, secundario e inoportuno. Cuando hablamos de zonas accesibles, nos solemos referir a aquellos espacios franqueables en coche. «¿Cómo podremos arrancar a los hombres de su automóvil y ponerlos de nuevo sobre sus pies, para que sientan de nuevo la tierra bajo sus pasos?», reflexiona

David Le Breton. Demandemos, sin dilación, esta accesibilidad y facilidad de tránsito para el caminante.

- Cada sendero importa. Los caminos de sirga, los caminos de herradura, las vías pecuarias y las antiguas sendas en desuso también.

- El derecho a la ciudad es un derecho preeminente. Nos merecemos vivir en urbes pensadas para las vecinas: pacificadas, seguras, saludables y accesibles.

- Nunca subestimes el poder de la ciudadanía caminando codo con codo, clamando en sincronía. Incluso ahora mismo, cuando el ambiente adolece de desesperanza, de abatimiento, y nos percibimos atomizadas, desintegradas y sin el ánimo conveniente. No menosprecies la fuerza simbólica y el poder real de tomar al unísono las calles, los barrios, los caminos. A pie.

- Querer pasear y que el paseo sea de calidad te va a llevar a convertirte en una defensora radical del espacio público. Esto es irremediable.

- Instemos a que las plazas adopten la función real de ágoras comunitarias y de espacios de socialización. Que no se planteen y diseñen tan solo como centros para el consumo y que favorezcan un modelo de sociedad participativa. Más ciudadanía concurrente, más participación ciudadana, más comunidad en defensa del bien común. De lo que nos une, no de lo que nos separa.

- El paisaje urbano debe reverdecer; el asfalto, herborizarse. Que la naturaleza entre asilvestrada y espontánea en el corazón de cada municipio. Precisamos ciudades naturalizadas. Está en juego la salud de todos sus habitantes. También la mental. Menos emisiones y más absorciones. Aboguemos por el derecho a la ciudad verde.
- El mejor refugio climático siempre será la sombra de un árbol. ¡Siempre!
- El diseño urbanístico va a desempeñar un papel fundamental en la actual emergencia climática. De algunas de esas decisiones sobre prevención y adaptación climática surgirán mayores o menores desigualdades sociales. Modelos socioeconómicos en crisis, injustos e insostenibles, o, por el contrario, ciudades saludables y humanas que se adapten y mejoren los indicadores de sostenibilidad.

Siempre será una buena idea demandar y reservarse tiempo para caminar a ningún sitio y por placer. Felices e improductivos paseos.

Agradecimientos

A Mauro Entrialgo por todo, siempre. A mi madre, Lina, con la que paseo y paseo a la orilla de nuestro río. Muchas de las reflexiones de estas páginas tuvieron lugar en nuestro parque de la ribera. A mi hermano Samuel, que se hace el remolón a la hora de la caminata. Ojalá muchos más vagabundeos juntos.

A Mo, Belén y Eva, mis amigas, mis hermanas. Todos los caminos que elegimos juntas nos llevaron siempre a los mejores sitios. Cuánta suerte.

A todos mis compañeros de paseos. Por el placer y la felicidad compartida.

A Paloma Abad por su generosidad, la confianza y el acompañamiento. Este libro existe gracias a ella.

En mayo de 2017, Mónica Calle y yo decidimos (en broma y en serio) dibujar y registrar el mapa del llorar a gusto por las calles de Madrid. La idea era diseñar nuestro mapa vital del dolor y del desahogo a pie de acera. Aquello fue el origen de mi boletín *Campo Visual*. Igual, la ciudad pacificada es también aquella que nos concede el espacio suficiente y nos permite disfrutar de un berrinche memorable. Ahora, este *spin-off* de *Campo Visual* es ya un libro, el que he escrito al tiempo que lloraba a mi amiga. El libro que me ha servido de consuelo. Estas páginas serán siempre en agradecimiento a su generosa amistad y en su memoria.

También un sincero homenaje a todas las personas que eligen andar siempre que se pueda. A las que abren senderos y los defienden. A las que leen mientras caminan. A las que idean prácticas artísticas pegadas al territorio. A las que vagabundean sosegadas, curiosas, en solitario. A las que toman las calles y caminan juntas para ejercer y exigir derechos fundamentales.

Quería trasmitir mi entusiasmo por la magia que opera casi siempre en el camino. E inocular mi inusitado empeño por ese andar por andar y por vivir tranquilamente. Espero haberlo conseguido en alguna medida.

Este libro se terminó de escribir en 2025, centenario del nacimiento de Carmen Martín Gaite (1925-2000) y de Ana María Matute (1925-2014), en la Biblioteca Pública Municipal Eugenio Trías. Mi agradecimiento y amor infinito a Carmiña y Ana María, no podría ser de otra manera.